Manual de Redes Sociales

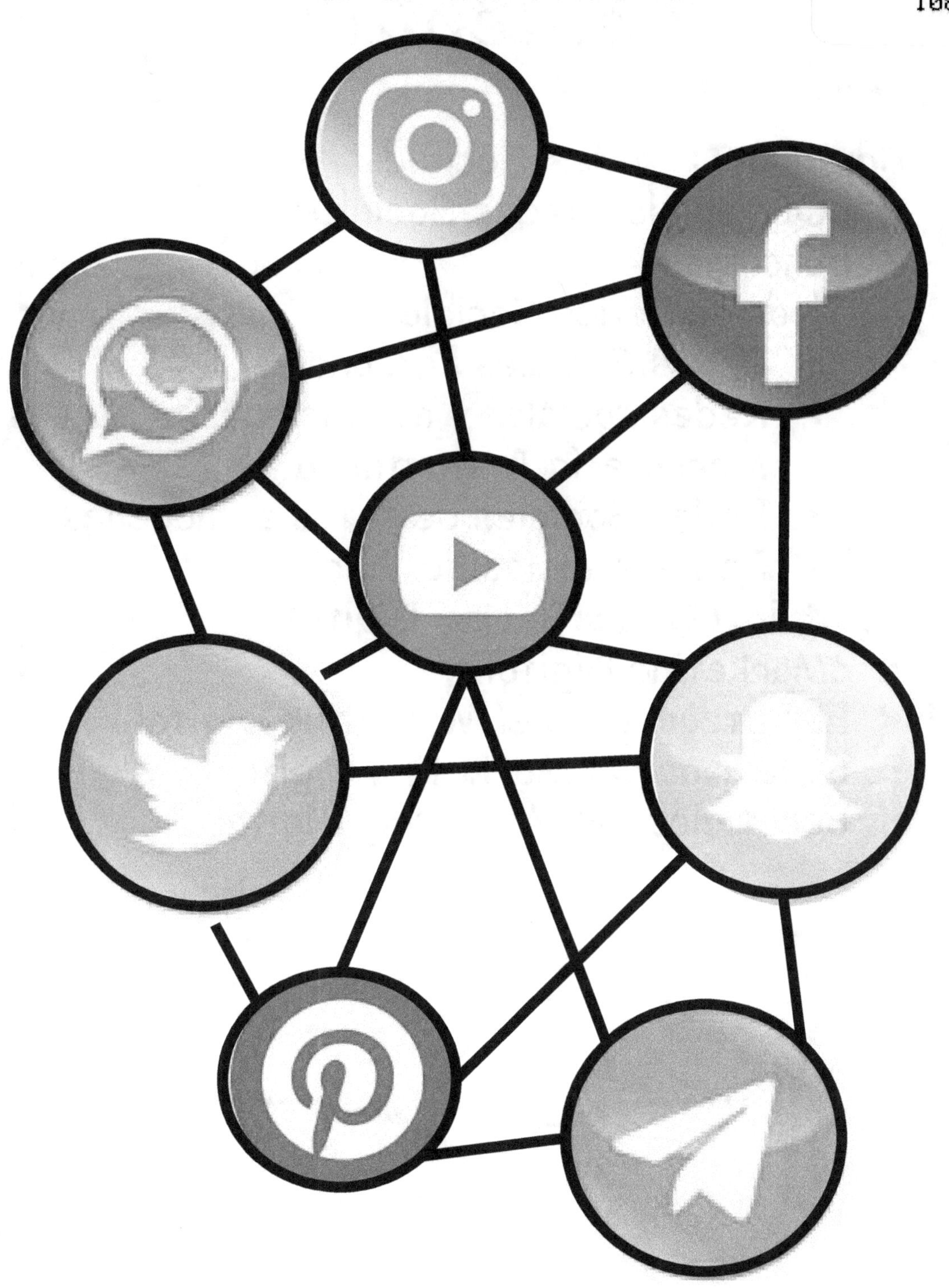

Contenido

Contenido

Contenido

Manual de Redes Sociales

Las redes sociales están en boca de todos. Facebook, Instagram, YouTube, Pinterest y muchas otras plataformas no le quitan el sueño sólo a la gente que las usa: las empresas se desviven por desarrollar estrategias eficientes y novedosas que les permitan incrementar su visibilidad, mejorar su imagen pública y optimizar su relación con los consumidores. Si estás pensando en montar un negocio en internet, este manual será de gran ayuda para ti, antes debemos empezar por tener conocimientos de las redes y para que se usan.

Los buenos negocios online necesitan poca inversión, pero si mucha imaginación y creatividad y el manejo de las redes sociales. Esto es muy positivo. Con tus ganas de trabajar y tu idea, es encontrar un nicho y comenzar a crear contenidos.

Estos negocios se conocen como marketing digital y este plantea nuevos desafíos para todas las personas en este mundo ya que avanza y da pasos gigantes, debemos estar actualizándonos.

Lo interesante de ello es que puedes montarlo en solitario, sin inversores ni empleados. Solo con tu tiempo, dedicación y mantenerse activo en la redes con contenido de calidad.

En un mercado dinámico, donde el cambio es algo natural, más que conocer las herramientas, lo imprescindible es entender la lógica de los nuevos procesos de interacción.

Este manual está elaborado para las personas que se quieren iniciar en el mundo de los negocios por internet ya que pretende ser una guía práctica para aquellas iniciativas que buscan aprovechar el potencial de las redes sociales para impulsar los resultados de sus negocios y mejorar su relación con clientes actuales y potenciales. Este manual recoge información importante estrategias, procedimientos y lo que no debemos hacer en las redes.

Sin embargo, además de brindar consejos específicos sobre el uso de las diversas herramientas de sociabilidad en línea, nuestra intención es que los lectores tomen conciencia de que estamos viviendo un período de fuerte cambio en lo relativo al marketing y las relaciones institucionales.

Nos encontramos en una nueva era, en la cual el eje reside más que nunca en los consumidores, y en la que cualquier estrategia de posicionamiento debe tomar en cuenta que no sólo han cambiado las herramientas, sino también las formas de utilizarlas.

- ¿Qué son las Redes Sociales?
- Funciones
- Tipos de Redes Sociales
  - Redes Sociales Personales
  - Redes sociales y aplicaciones de Mensajería Instantánea
  - Redes Sociales de fotos e imágenes
  - Redes sociales de Vídeo

Redes Sociales

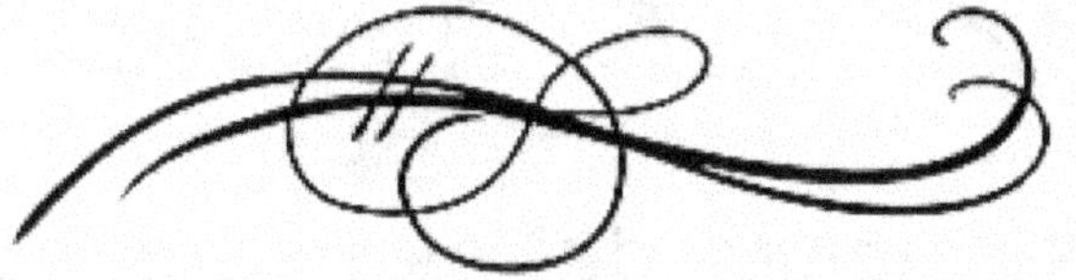

Es un medio de comunicación en el que la gente se relaciona con otras personas de manera virtual; quiere decir que se establecen amistades, negocios entre otros.

Se puede decir que a través de las redes sociales en Internet tenemos la posibilidad de interactuar con públicos diversos aunque no los conozcamos, el sistema es abierto y se va afianzando con lo que cada usuario aporta.

Por tanto, construir y consolidar una red social permite compartir nuestros intereses, preocupaciones o necesidades, esto de por si constituye un paso significativo en las acciones de difusión que puedan establecerse dentro de una estrategia de comunicación.

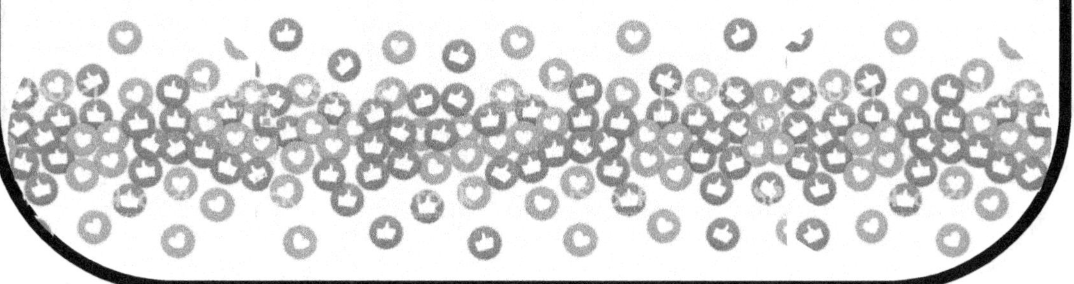

Funciones

Las funciones de las redes sociales de Internet
pueden resumirse en las 3Cs:
- Comunicación
- Comunidad (ayudan a encontrar e integrar comunidades).
- Cooperación (ayudan a realizar cosas juntas).

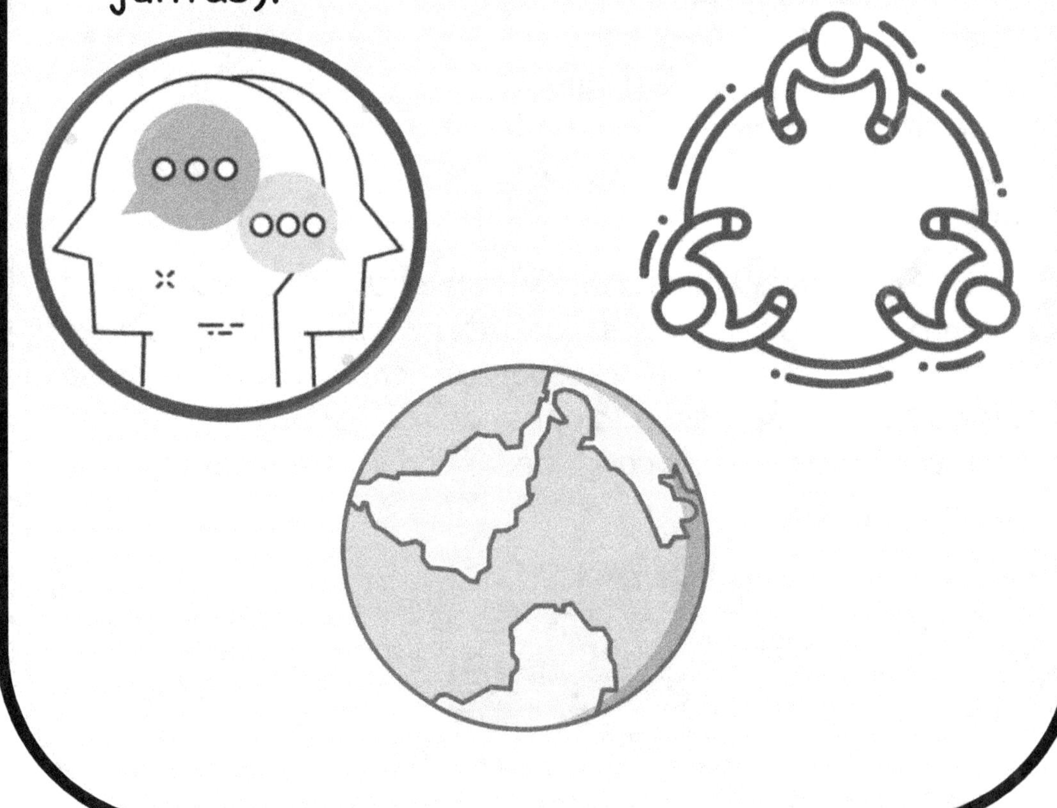

Tipos de Redes Sociales

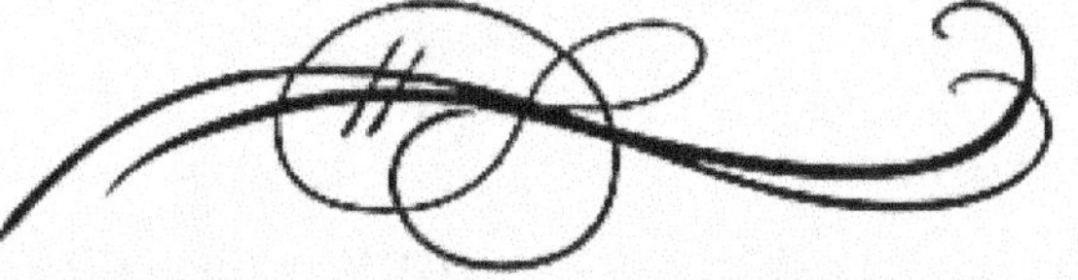

Redes Masivas: Son aquellas donde cualquier persona o institución puede crear o participar. En estos espacios el internauta se registra con el fin de compartir contenidos y de hacer nuevos contactos. La interacción entre los usuarios es mayor. Las redes sociales masivas más conocidas son: Facebook, Twitter, Instagram, Snapchat, Youtube, y los Blogs.

Redes Cerradas: Son aquellas creadas para permitir el acceso sólo a un grupo de personas selecto o que pertenezcan a un grupo en particular. Ejemplos: Redes universitarias.

Redes Sociales Personales

Facebook

Con más de dos mil millones de usuarios, es la red más extendida de todas. Desde que se creara en 2004 no ha parado de crecer. Estados Unidos e India son los dos países que más usuarios aportan.

El sistema de anuncios de Facebook es muy completo y está en continuo crecimiento.

Hi5

Es una de las redes sociales personales más antiguas, no obstante sus usuarios han ido emigrando a nuevas redes. Ha ido evolucionando a un sitio de juegos sociales. En diciembre de 2011, fue vendida a Tagged, uno de sus competidores directos. La idea era fusionar ambas redes, pero manteniendo los sitios de Tagged y hi5 por separado.

Ello

Apareció en el 2014 y se anunciaba como la alternativa de Facebook. Fue creada como una red social personal exclusiva. En principio solo se podía acceder con invitación. Alcanzó mucha popularidad en su día.

MyLife

Respetando la esencia de las redes sociales, fue creada para que los usuarios pudiesen encontrar a sus antiguos amigos. Anteriormente se llamaba reunion.com.

Redes Sociales Personales

Tagged
Sus usuarios medios son jóvenes y adolescentes. Además de ponerlos en contacto por intereses comunes, incluye juegos.

MeetMe
Orientada también al público adolescente. Los usuarios interactúan entre ellos y también pueden juegan. Es más, cuenta con una moneda virtual propia con la que pueden enviarse regalos también virtuales.

Bebo
Nace como abreviatura de "blog early, blog often. Es propiedad de AOL desde 2008. Incluye tres niveles de privacidad. Además de compartir fotos, videos, etc, es posible realizar encuestas. Permite la creación de grupos.

Vkontakte
Es la red social personal más popular en Rusia, creada en 2006. Desde su creación es muy similar a Facebook, no solo en sus objetivos, sino en la interfaz.

My Space
Uno de los grandes clásicos en Internet. Aunque ha perdido mucha cuota de mercado, sigue siendo significativa. En 2016 debido fue adquirida por Viant Technology.

Redes Sociales Personales

QZone
Es la red social personal principal de China. Pertenece a la misma compañía que QQ y funciona de modo similar a Facebook, y le sigue en número de usuarios. No exige identidades reales. La mayor parte de sus usuarios son chinos. Idioma: chino.

A Small World
Es una red "exclusiva" supuestamente para usuarios con alto poder adquisitivo. Ofrece más servicios que la media de redes, sus usuarios tienen guías hechas por ellos mismos sobre ciudades o información relativa a clubs y sitios de alto stand. Solo se accede por invitación.

Friendster
Gana seguidores en Asia al mismo ritmo que los pierde en USA. En sus inicios era para encontrar amigos y ahora tiene una vertiente más de enterteinment.

SkyRock
Especialmente famosa en Francia, tiene cientos de millones de visitas únicas mensuales. Su origen es francés y empezó como una emisora de radio privada francesa. Creada por Pierre Bellanger y el diario Le Monde, hasta la década de los 90 emitía música rock, cosa que luego cambió. Su público objetivo no supera los 25 años.

Redes sociales y aplicaciones de Mensajería Instantánea

<u>WhatsApp</u>: Evoluciona en servicios a la par que crece en usuarios. En el último año creció más de 300 millones de usuarios, según datos de Hootsuite. Ha incorporado Stories y está respaldada por el trío que forma con Facebook e Instagram.

<u>Viber</u>: Esta cross-platforma desarrollada en Japón ha crecido mucho en el último año. Aunque lleva mucho tiempo en el mercado, en España no ha acabado de cuajar, a diferencia de otros países europeos como Inglaterra. Se le considera un servicio de telefonía IP, parecido a Skype, pero con menor calidad.

<u>Facebook Messenger</u>: Es la aplicación de mensajería de Facebook (1.300 millones de usuarios). Permite compartir localización, enviar notas de audio breves y hacer llamadas directamente. La pega es que prácticamente obliga a los usuarios de smartphones a descargarlo, pues se ha separado de la aplicación de Facebook.

<u>Telegram</u>: Es el más fuerte competidor de WhatsApp en España. Además de los habituales grupos, en Telegram pueden crearse supergrupos, capaces de admitir a miles de personas con un sistema propio de administradores.

Permite además la creación de canales, lo cual es una particularidad de esta app. Curiosamente, varios medios de prensa españoles utilizan esta mensajería. En varios momentos de crisis, WhatsApp se ha colapsado y ese es un riesgo que los periodistas no pueden asumir.

Redes Sociales de fotos e imágenes

Instagram: No para de crecer en popularidad y en usuarios, que ya son 800 millones. Las stories han catapultado a esta red social donde los usuarios se comunican a través de fotografías.

Una buena colección de filtros embellecen las instantáneas de esta plataforma que conservan el aspecto de las antiguas cámaras Polaroid. Los hashtags funcionan muy bien en esta red.

Snapchat: Frente al crecimiento de Instagram, están las caídas de Snapchat, que apenas rebasa ya los 255 millones de usuarios. Irónico, pues tanto Facebook como Instagram han adoptado las ideas diferenciadoras de esta red. El carácter efímero de sus stories y sus filtros animados han sido imitados hasta la saciedad. El éxito de los snaps dio paso a la popularidad de estas mismas ideas en otras plataformas.

Pinterest: Otros de los templos de la imagen. Lo que empezó siendo una red social de fotos donde colgar tableros llenos de "cosas bonitas", ha terminado siendo la plataforma perfecta para algunas marcas. Incluso a pesar de Instagram, muchos usuarios siguen encontrando inspiración en Pinterest. La plataforma, además, no deja de crear opciones tentadoras para las marcas anunciantes.

Redes sociales de Vídeo

El vídeo está arrasando en las redes sociales. Más allá de del éxito de YouTube, por todos conocido, los vídeos en el resto de redes está teniendo un impacto muy grande. Los usuarios prefieren el contenido en vídeo mucho más que el texto y por encima de la imagen fija.

Este es un formato que resulta muy sencillo de consumir para los usuarios. Es fácil que mientras el usuario esté deslizándose por su feed, se quede enganchado en frente a un video atractivo.

Consejos:
Es aconsejable utilizar el vídeo en tu estrategia de marketing. Es un formato que mejora notablemente la retención del mensaje frente a la lectura.
A la hora de hacer tus vídeos ten en cuenta estos brevísimos consejos:
*   Cuida mucho la calidad de la imagen, la luz y el sonido.
*   Vigila el ritmo para no perder la atención, fundamental en las redes

YouTube: Es el peso pesado del vídeo en la red. Miles de personas suben sus vídeos a esta red que concentra música, tutoriales, reviews sobre libros o cualquier cosa que se te ocurra. Es el sitio donde más consultas se realizan por detrás del buscador de Google.

Capítulo II

Marketing Digital

- ¿Marketing Digital?
- Estrategia para el Marketing Digital
- Objetivos del Marketing Digital
- Beneficios del Marketing Digital

¿Marketing Digital?

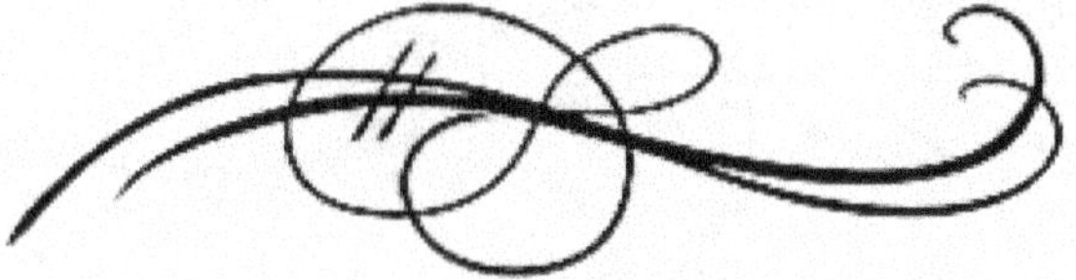

En la actualidad nos encontramos inmersos en la "era digital" en la cual para realizar negocios se necesita un nuevo modelo de estrategia y práctica del marketing: el denominado marketing digital.

El mismo se define como la aplicación de tecnologías digitales para contribuir a las actividades de Marketing dirigidas a lograr la adquisición de rentabilidad y retención de clientes, a través del reconocimiento de la importancia estratégica de las tecnologías digitales y del desarrollo de un enfoque planificado, para mejorar el conocimiento del cliente, la entrega de comunicación integrada específica y los servicios en línea que coincidan con sus particulares necesidades, ya que la era digital ha cambiado las opiniones de los clientes sobre comodidad, velocidad, precio, información de producto, y servicio, por lo tanto el marketing digital demanda nuevas formas de razonar y actuar para que sea realmente efectivo.

El marketing digital (o marketing online) engloba todas aquellas acciones y estrategias publicitarias o comerciales que se ejecutan en los medios y canales de internet.

Este fenómeno viene aplicándose desde los años 90 como una forma de trasladar las técnicas de marketing offline al universo digital.

Paralelamente al tremendo desarrollo y evolución de la tecnología digital, el marketing online ha ido experimentando, de manera progresiva y muy rápida, profundos cambios tanto en las técnicas y herramientas utilizadas (y en su complejidad) como en las posibilidades que ofrece a los receptores.

¿Marketing Digital?

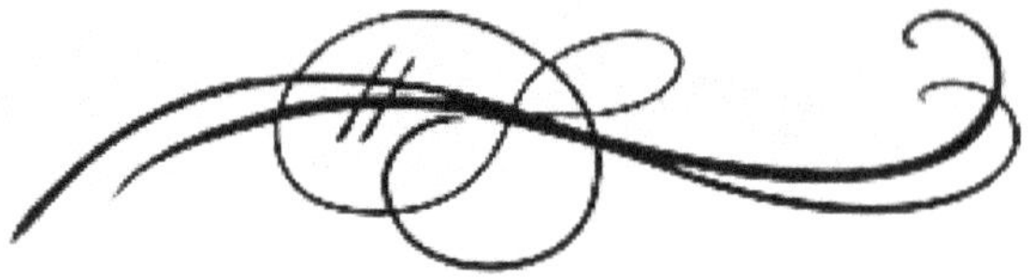

El Marketing digital comenzó con la creación de páginas web, como canal de promoción de productos o servicios, pero con el avance tecnológico y las nuevas herramientas disponibles, sobre todo para gestionar y analizar datos recolectados de los consumidores, el Marketing digital ha tomado nuevas dimensiones, convirtiéndose en una herramienta indispensable para las empresas actuales.

El Martketing Digital se basa en las 4F (flujo, funcionalidad, feedback y fidelización), que son las variables que componen una estrategia de marketing efectiva.

- **<u>Flujo</u>**: viene definido desde el concepto de lo multiplataforma o transversal. El usuario se tiene que sentir atraído por la interactividad que genera el sitio para captar la atención y no lo abandone en la primera página.
- **<u>Funcionalidad</u>**: la navegabilidad tiene que ser intuitiva y fácil para el usuario; de esta manera, prevenimos que abandone la página por haberse perdido.
- **<u>Feedback (retroalimentación):</u>** debe haber una interactividad con el internauta para construir una relación con éste. La percepción que recibe y la consecuente reputación que se consigue son la clave para conseguir confianza y una bidireccionalidad.
- **<u>Fidelización</u>**: una vez entablada la relación con el internauta, no hay que dejarlo escapar. Para ello se debe buscar un compromiso y proporcionarle temas de interés para él.

Estrategia para el Marketing Digital

El objetivo principal es dar visibilidad a la marca o producto que se está promocionando además de incrementar la conversión de clientes y aumentar las ventas de la empresa.

Este tipo de estrategias se trabajan teniendo en cuenta los medios propios, aquellos que competen a la propia empresa como la web o el blog; los medios pagados, los que requieren una inversión económica como es el caso de la publicidad; y los medios ganados, aquellas acciones llevadas a cabo por terceros que benefician a la empresa, como podrían ser menciones en foros y blogs.

- Es fundamental conectar con el público;
- Transmitir un contenido de valor para el público

Objetivos del Marketing Digital

Los objetivos son la razón de ser de cualquier campaña. Sin embargo, antes de fijarlos, es importante estudiar una serie de cuestiones como son la situación de la empresa, la de la competencia y los objetivos del negocio.

Básicamente, hay que realizar un análisis DAFO (Debilidades, Amenazas, Fortalezas y Oportunidades) y saber qué es lo que pretende la compañía en su conjunto, puesto que todos los departamentos han de remar en la misma dirección.

Una vez realizado el análisis previo, es el momento de fijar los objetivos del plan de marketing digital. Los más habituales son los siguientes:

Los esfuerzos han de centrarse en conocer la cartera de clientes, ofrecer una buena experiencia, mantener el contacto y ganarse la confianza

1. <u>**Reconocimiento de marca**</u>: El reconocimiento de marca permite que la empresa, producto o servicio se posicione en el mercado. En este caso, las acciones se enfocan al branding, a la identificación de la marca por parte del usuario, consumidor o cliente, para lograr entrar en su mente y ser recordado. Para ello, normalmente, la finalidad inicial es impactar.

2. <u>**Captar nuevos clientes**</u>: Cuando el objetivo es la captación de nuevos clientes, la estrategia ha de centrarse en explorar nuevas líneas o canales que permitan mejorar el número de conversiones. Las ofertas y los descuentos son buenas acciones para conseguirlo.

3. <u>**Fidelizar clientes**</u>: En este caso, el público objetivo al que se dirigen las acciones ya ha realizado alguna conversión. Lo importante ahora es que se queden y repitan la conversión.

De hecho, es más rentable mantener un cliente que conseguir uno nuevo. Por tanto, los esfuerzos han de centrarse en conocer la cartera de clientes, ofrecer una buena experiencia, mantener el contacto y ganarse la confianza.

4. **<u>Aumentar el número de ventas</u>**: El incremento de las ventas es, posiblemente, el objetivo de marketing por excelencia de cualquier empresa, puesto que se asocia al aumento de los beneficios. Este objetivo se podría dividir en dos. Por una parte, el incremento de las transacciones por parte de los clientes, es decir, el aumento del volumen. Y, por otra, estaría la mejora del importe medio.

5. **<u>Incrementar la cuota de mercado</u>**: Cuando el objetivo es el incremento de la cuota de mercado, el planteamiento pasa por poner en marcha acciones que faciliten la expansión. Una expansión puede realizarse de varias maneras, mejorando el posicionamiento en el mismo target, ampliando el público objetivo o creciendo en el ámbito territorial. Para conseguirlo, es importante estudiar a la competencia, ya que el posicionamiento en el mercado siempre es relativo.

6. **<u>Optimizar el embudo de conversión</u>**: Es la máxima del logro de impactos; de nada sirve conseguirlos si los usuarios no realizan una acción seguidamente. En algunas ocasiones, el objetivo es conseguir más leads, en otras es que realicen una acción de compra.

Las acciones de marketing permiten conducir a los usuarios por el conocido embudo de ventas o de conversión, es decir, guiarlos por las diferentes fases hasta que lleven a cabo la acción deseada. Con la optimización se consigue aumentar el porcentaje de conversiones.

7. **<u>Mejorar el retorno de la inversión (ROI)</u>**: El ROI (Return On Investment) es el concepto conocido como «retorno de la inversión», es decir, la rentabilidad que se obtiene de cada una de las acciones de marketing que se han realizado. Es un objetivo fundamental que dispone de una amplia variedad de métricas para poder calcularlo. Esto sí, aunque el ROI puede medirse de forma puntual, lo aconsejable es hacerlo a lo largo del tiempo.

Beneficios del Marketing Digital

Dados los conocimientos obtenidos a cerca del marketing digital por el contacto diario con la red se puede decir que es una herramienta sumamente beneficiosa, ya que:

- Brinda la posibilidad de poder centrarse sólo en el público objetivo y dirigir la comunicación solo a ellos, sin tener que desperdiciar dinero en campañas de Marketing masivas. Dentro de una Pyme como Ingemar esto es algo muy útil ya que la mayoría de las estrategias de marketing digital a aplicar tienen por objetivo llegar a un nicho o mercado, de manera correcta, con la información que ellos requieren o necesitan para terminar concretando la toma de decisión a favor de la empresa.
- Permite contar con la administración de una base de datos propia, filtrando, corrigiendo y segmentando la lista para llegar exactamente al público deseado.
- Permite una mayor audiencia a un bajo costo. Se puede aplicar Marketing Digital sin contar con grandes presupuestos logrando así la promoción de los productos o servicios. Para ello sólo se necesita dedicarle tiempo a las estrategias adecuadas para ver los resultados óptimos.
- Sabemos que el Marketing digital establece nuevos hábitos de consumo. Esto permite conseguir nuevos clientes y retener los actuales conociéndolos y aprendiendo que es lo que les gusta y desea cada uno de ellos para que cada vez la comunicación sea mas direccionada y efectiva.
- Es rápido e inmediato. Los clientes y potenciales reciben su comunicación al instante.

En conclusión estamos hablando de que el marketing digital es una herramienta integral, engloba publicidad, comunicación y relaciones públicas. Es decir, abarca todo tipo de técnicas y estrategias de comunicación sobre cualquier tema, producto, servicio o marca.

Es por eso que una estrategia digital debe incluir todos los espacios relevantes en donde el target interactúe, buscando influenciar opiniones y opinadores, mejorar los resultados de los motores de búsqueda, y analizando la información que estos medios provean para optimizar el rendimiento de las acciones tomadas. Entonces el marketing digital es el conjunto de diseño, creatividad, rentabilidad y análisis buscando siempre un retorno de la inversión, que en marketing se lo identifica con las siglas ROI.

Capítulo III

El Instagram

- El Instagram
- ¿Cómo crear uno para el Marketing Digital?
- Recomendaciones

El Instagram

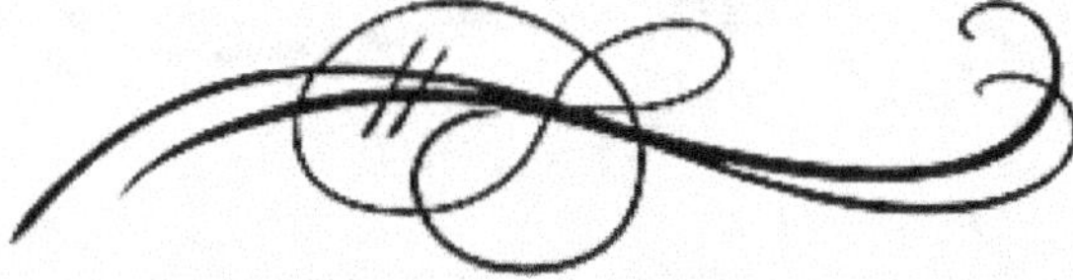

Instagram es una comunidad basada en el poder de la narración visual. Es donde el mundo capta y comparte sus momentos a través de imágenes.

El contenido que crean los usuarios (también conocido como UGC, o user generated content) es cualquier tipo de contenido que elaboran los usuarios y consumidores sobre una marca o un producto. El UGC no consume presupuesto y su originalidad convierte a los usuarios en publicistas de la marca.

¿Cómo crear uno para el Marketing Digital?

Paso 1. Crear un perfil

Lo primero que debemos hacer es crear la cuenta de instagram para desarrollar un negocio a nivel internacional.

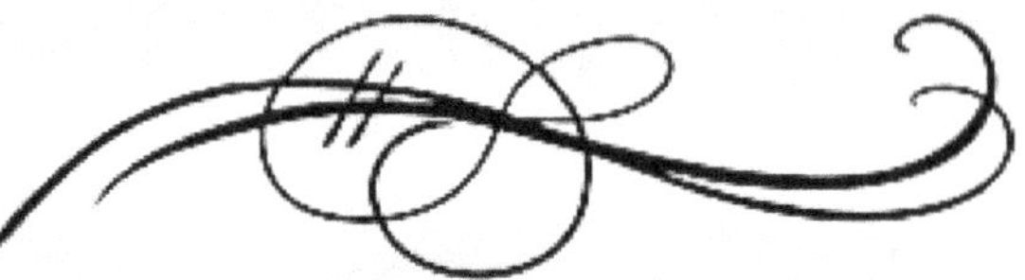

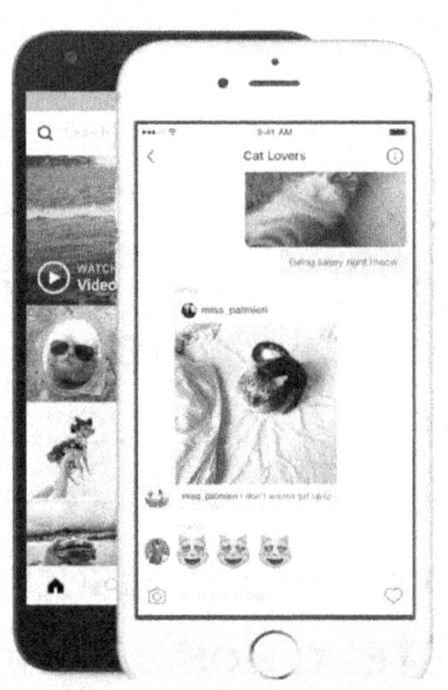

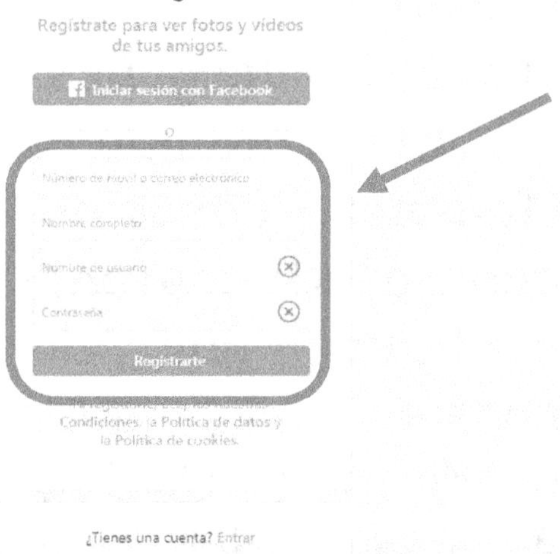

Dato importante: para el nombre de usuario, se recomienda que este relacionado con el tema a tratar.
Como por ejemplo:

Maquillaje:	Costura:
Make_up + tu nombre	Costura_con_ tu nombre
Tu nombre + Makeup	Patronesy tu nombre
Makeupeasy	Costura_diy_tu nombre
Maquillaje + tu nombre	DIY_tu nombre

Manual de Redes Sociales

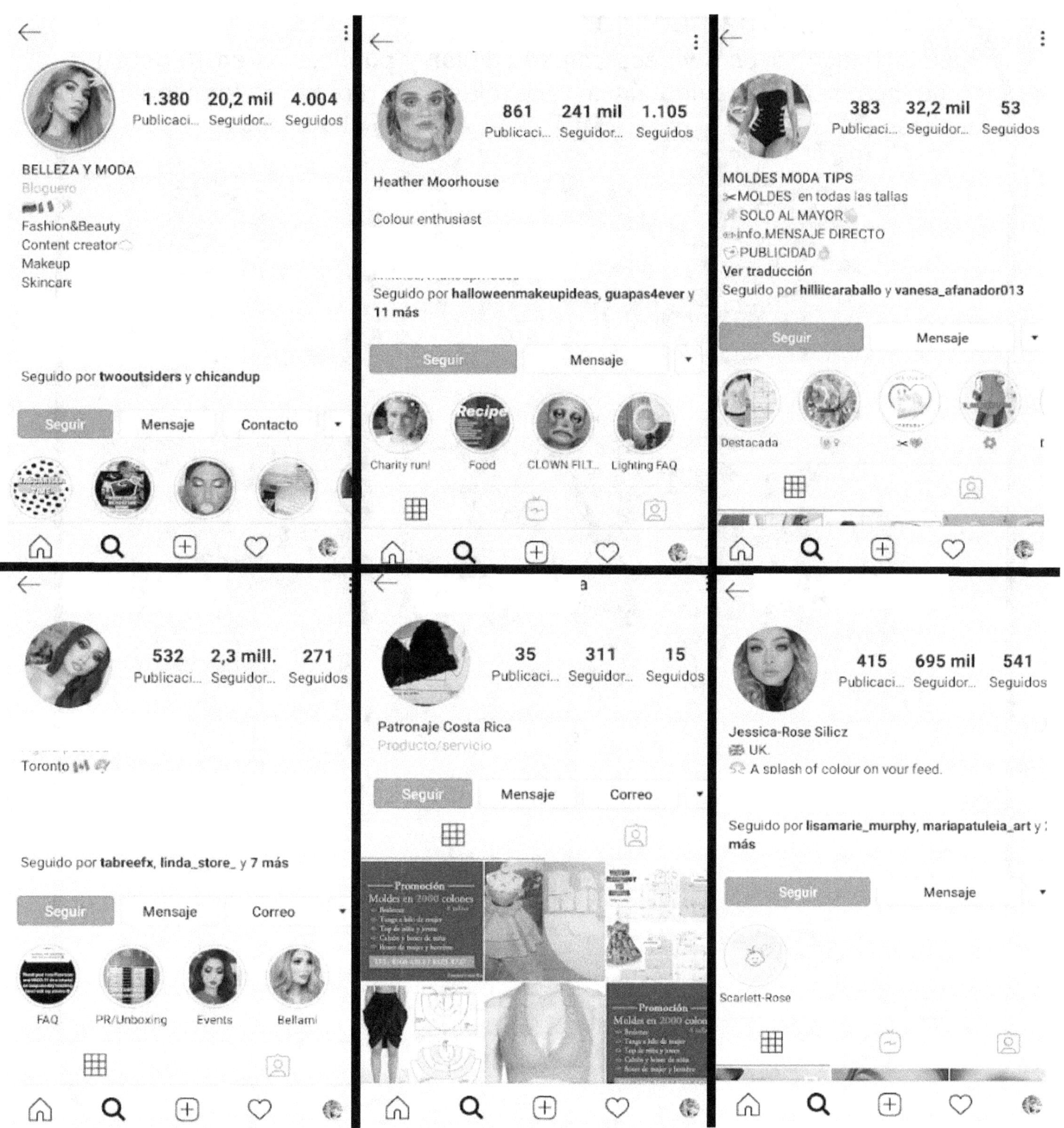

Paso 2. Que publicar

Puedes tomar fotos o videos con tu celular y publicarlos en tu perfil, tiene que ser contenido único y exclusivo y no te olvides de los hashtag.

1. Frases con mensaje

Motiva a tus seguidores y transmite la filosofía de tu empresa con frases célebres relacionadas con tu sector. También puedes crear tus propias citas.

Para el diseño de estas imágenes puedes usar aplicaciones online sencillas de manejar como Picmonkey y Canva, o herramientas de edición algo más profesionales como Photoshop e Illustrator.

Te recomendamos que, en cualquier caso, incluyas siempre el logo de tu negocio y el nombre del autor de la frase.

2. Recopilaciones

Haz recopilaciones en una sola imagen utilizando programas de edición como Photoshop o Illustrator. Con este formato ofreces de golpe mucho contenido de valor a tus seguidores. ¡Seguro que les gusta! Imagínate: 25 prendas última tendencia, 50 alimentos más saludables. Dependiendo de cuál sea tu negocio, elegirás unos temas u otros.

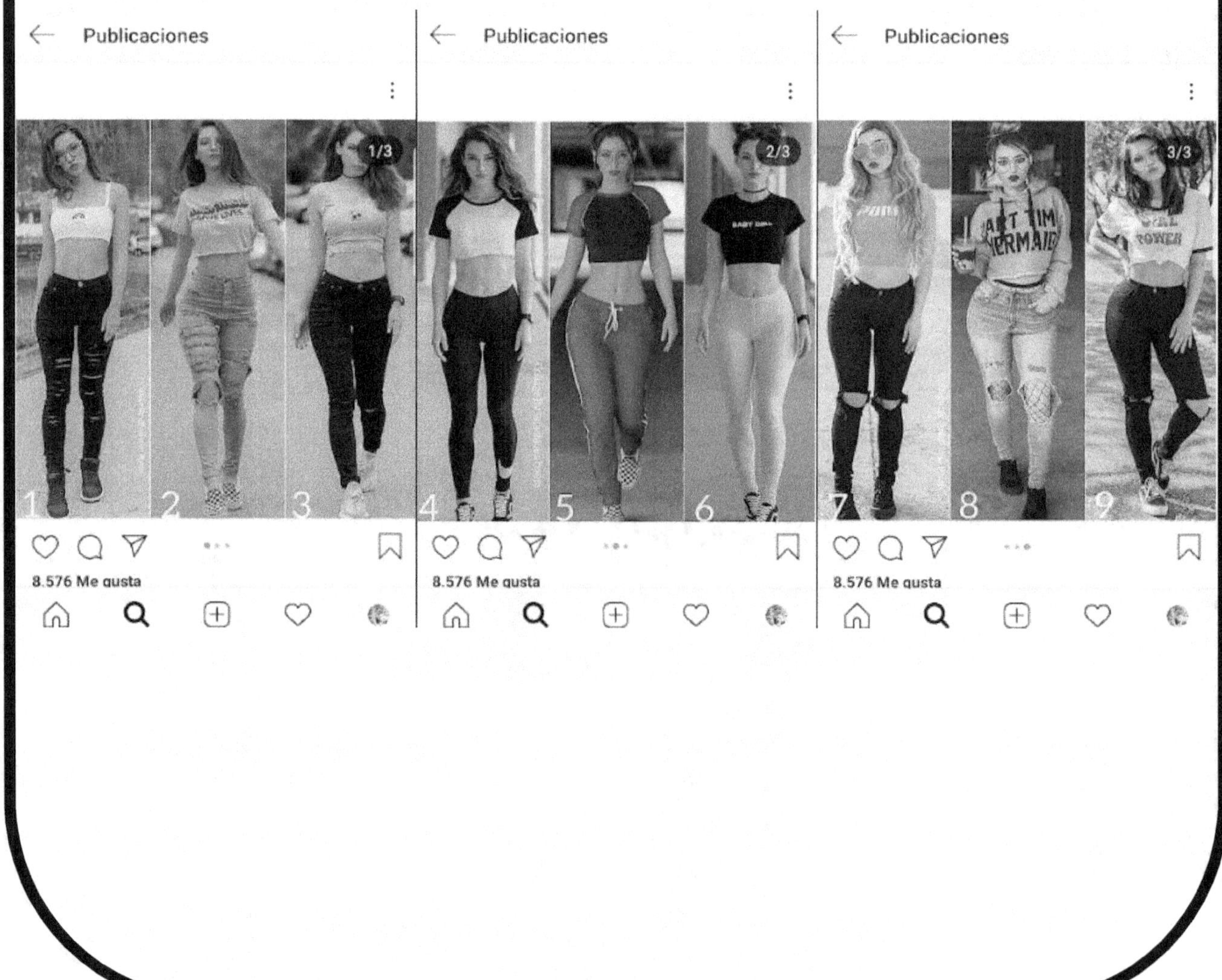

3. Parecidos razonables

Demuestra que tienes sentido del humor y juega con los parecidos razonables. Esta publicación no es para repetirla muy a menudo. El humor funciona muy bien en Instagram, siempre que lo utilices de vez en cuando. Hay que mantener un equilibrio entre las publicaciones «graciosas» y otras más «serias» para transmitir una buena imagen. Si todo son risas y cachondeo en tus redes sociales, corres el peligro de que los usuarios no te consideren una empresa respetable.

4. Vídeos editados con música

Para hacer vídeos montados con música, puedes utilizar una app móvil que se llama Lomotif. Esta aplicación no graba directamente, sino que te deja coger los clips de vídeo de tu carrete para luego montarlos en el orden que quieras. Además, puedes meter cualquier música que tengas en tu móvil, añadir un filtro a las imágenes y poner un título.

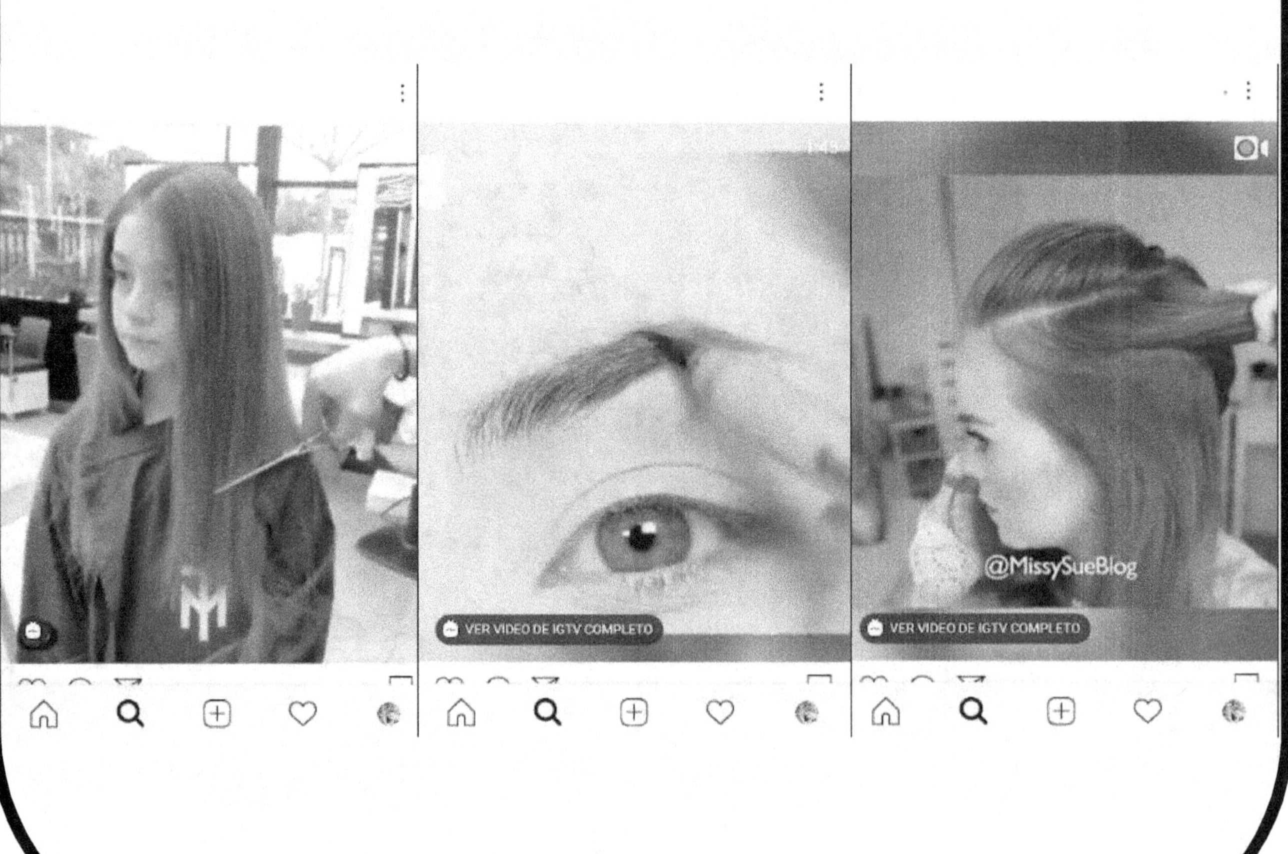

5. Da protagonismo a tus clientes y seguidores

Siempre que puedas, visibiliza a tus clientes y a tus fans. Agradéceles públicamente su apoyo. Por un lado, les vas a sorprender porque no se lo esperan. Y, por otro, les va a gustar sentirse protagonistas. Al verse, harán un «me gusta», dejarán un comentario y, muy posiblemente, lo publiquen en su perfil personal. Eso sí, te recomendamos que les saques favorecidos. Es importante que se vean bien.

6. El antes y el después

Este tipo de publicación es un clásico que suele funcionar muy bien en todas las redes sociales. Muestra el antes y el después de un proceso relacionado con tus productos, servicios o algún cambio que hagas en tu negocio.

313 Me gusta

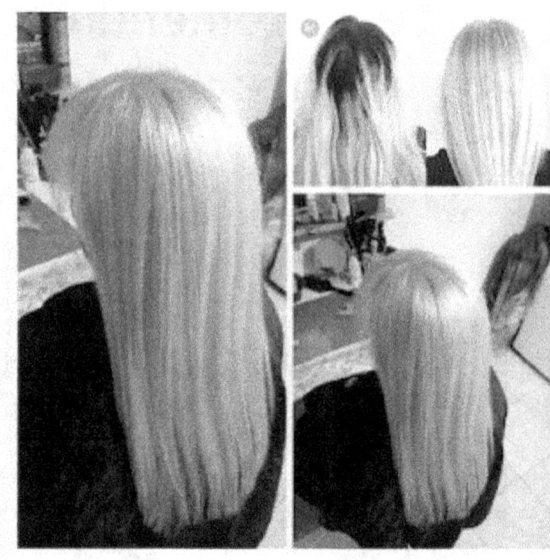

2 Me gusta

1.131 Me gusta

2.501 Me gusta

7. Celebra las fiestas del calendario

Esto forma parte de la estrategia de cualquier community manager: ver las fechas señaladas y las festividades más importantes del calendario para decidir qué días hace una publicación especial en sus redes sociales. Fin de Año, Carnaval, el Día de la Madre, el Día del Libro... Cada negocio, dependiendo de sus productos, servicios y público objetivo, opta por celebrar unas fiestas u otras.

Recomendaciones

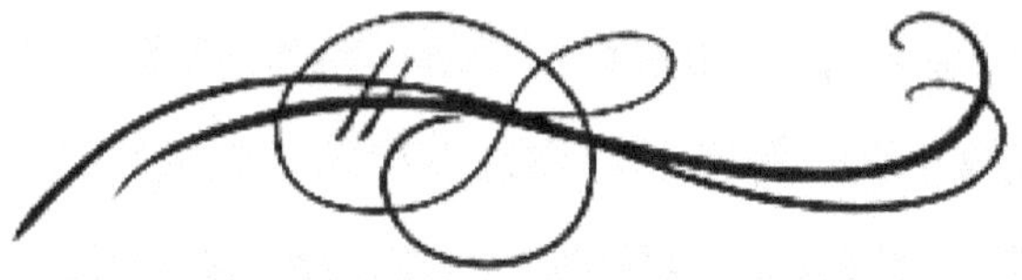

1. Para que las fotos y vídeos que compartes en Instagram tengan más repercusión debes tener en cuenta una serie de factores:
2. Frecuencia. No hagas más de 1 ó 2 publicaciones al día para no saturar a tus seguidores.
3. Horarios. Publica a las horas con más afluencia de usuarios en Instagram. Por supuesto, esto depende de cada negocio y del público objetivo, pero en general funcionan bien estos horarios: 8-9 am, 1.30-3 pm, 5.30-6.30 pm y de 8-10 pm.
4. Etiqueta y menciona a usuarios. Es una buena forma de llamar la atención y que determinados seguidores se enteren de tu publicación.
5. Hashtags. Ayudan a «tematizar» tus publicaciones y que usuarios que no te conocen ni te siguen accedan a tus contenidos.
6. Agrega una Ubicación.
7. Emojis en el texto. Incluye emoticonos en los mensajes que escribes en tus publicaciones. Son atractivos, divertidos, llaman la atención de los usuarios y, además, te permiten transmitir emociones o complementar la información que das.

Los Hashtag

Es una herramienta de comunicación utilizada fundamentalmente en las publicaciones en las redes sociales, para organizar, clasificar o agrupar las publicaciones de acuerdo a su tema o contenido.

Actualmente esta herramienta es indispensable para la creación de contenidos para aumentar la participación de los usuarios, así como para la difusión de información relevante sobre eventos, productos y tendencias de la industria o sector a la que se le hace referencia.

Te dejamos la lista con los 30 hashtags mas populares
#love, #instagood, #photooftheday, #beautiful, #fashion, #happy, #tbt, #cute, #like4like, #followme, #follow, #picoftheday, #me, #selfie, #summer, #instadaily, #friends, #art, #repost, #girl, #fun, #nature, #smile, #style, #instalike, #food, #family, #likeforlike, #tagsforlikes, #fitness #moda

El hashtag perfecto es aquel que es simple, corto, fácil de recordar y único.

Limites de Instagram:

Hashtag: máximo 30 por publicación
Historias: máximo 100 por perfil por 15 segundos.
Seguir Personas: 200 por hora.
Directos: 59 minutos cada uno.
Comentarios: 60 por hora

- El Facebook
- Objetivo
- ¿Cómo crear uno para el Marketing Digital?
- Recomendaciones

El Facebook

Es una red Social que permite a sus usuarios establecer vínculos para compartir información, principalmente a través de mensajes, información, fotos, videos, enlaces de nuestro interés, etc.

Objetivo

1. Generar nuevas ideas de productos e innovaciones. Por ejemplo, puede realizar una campaña creativa para solicitar comentarios sobre un nuevo producto, haciendo un concurso o evento para recopilar comentarios con la creación de una aplicación a tal efecto.
2. Darse a Conocer. Facebook tiene un alcance asombroso, además ofrece una excelente segmentación a la hora de crear un anuncio o historia patrocinada.

Objetivo

3. Crear preferencia y distinción de su marca con respecto a la competencia. Facebook permite interactuar con sus admiradores e impulsar la preferencia por su marca.

4. Aumentar el tráfico y las ventas. A través de la creación de eventos promocionales de acción viral. Cada vez que un usuario confirma su asistencia a estos eventos, hace click o registra su visita, esta acción se comparte con todos sus amigos.

5. Crear fidelidad. Dado que es una red social, en Facebook lo primordial son las relaciones. Cuando un usuario se hace fan de su página está diciendo que quiere tener relación con su marca. Esa conexión le permite estrechar la relación con los actuales clientes, y le permite a ellos dar a conocer La marca a sus amigos.

Objetivo

6. Resonancia a la recomendación. Todas las acciones en Facebook tienen un efecto viral, puesto que aparecen en últimas noticias y permanecen. Los usuarios acuden a Facebook como fuente de información a través de sus amigos.

7. Acceder a información relevante. Facebook es un excelente punto para conocer personas; brinda la oportunidad de interactuar directamente con los clientes y conocer sus gustos e intereses y que piensan de su marca. A través de la información recabada por medio de Facebook, pueden darse implementaciones a la estrategia de marketing y bien puede darse las modificaciones necesarias. Participar activamente en Facebook le permite mejorar su negocio, a través de la información generada por sus seguidores.

¿Cómo crear uno para el Marketing Digital?

Paso 1. Crear un perfil

Lo primero que debemos hacer es crear nuestra cuenta de facebook para desarrollar un negocio a nivel internacional.

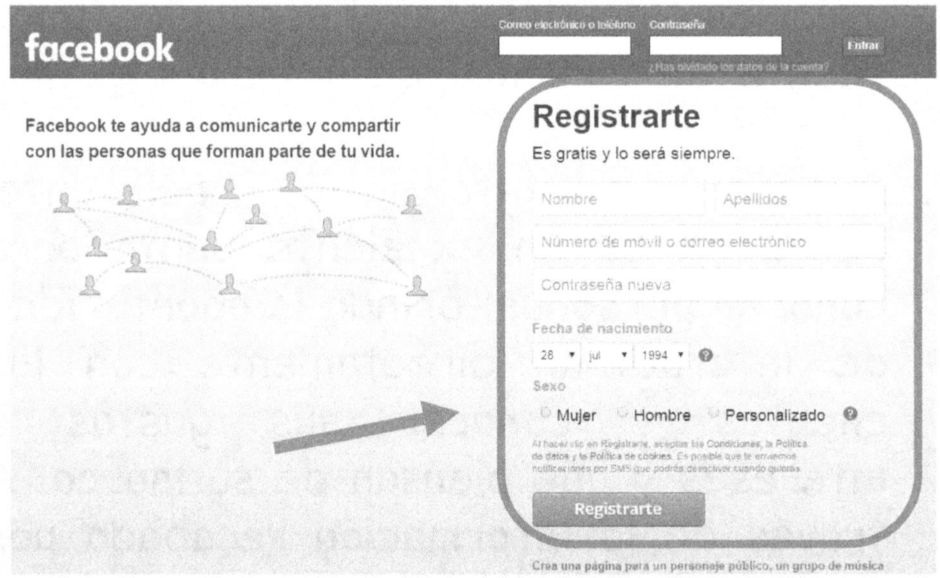

Paso 2: Nombre y Descripción

Una vez qué ya has creado una cuenta de facebook, debes darle forma al perfil, debes colocar una foto de perfil auténtica y propia al igual que la foto portada, preferiblemente no colocar en la foto de perfil o portada algún personaje o actriz famoso (A las personas en las redes les gusta hablar con más personas). También debes darle forma a la descripción colocando según el tema a tratar en tu perfil.

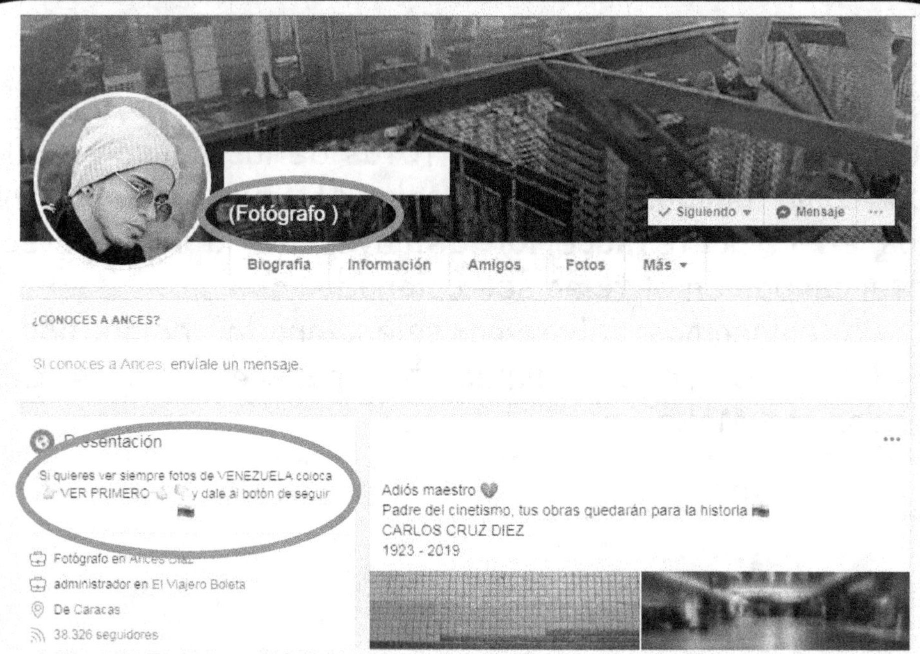

Paso 3: Publicaciones

Las fotos que publiques las puedes vincular desde Instagram para qué también aparezcan en tu perfil de Facebook, en caso de no tener Instagram lo haces desde el Facebook directamente colocándole una descripción y los respectivos #Hashtag. (Una foto sin descripción es una foto muerta en tu perfil).

Al igual que en Instagram se postean fotos del tema a tratar en tu perfil preferiblemente que las fotos sean tomadas por ti.

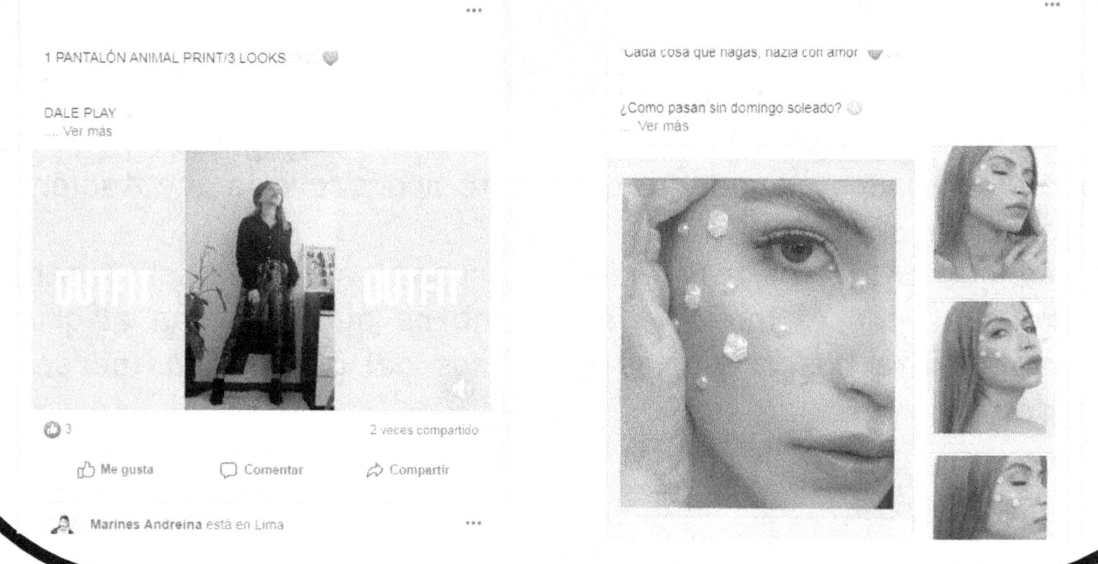

Paso 3: Agregar amigos

En el inicio del perfil se verán las fotos de las personas que hemos agregado como amigos en Facebook. Al igual que en Instagram buscamos en la parte superior a través de la lupa personas que estén interesadas en el tema seleccionado.

En la Lupa colocamos: el tema seleccionado, como por ejemplo "MAKE-UP" y de manera inmediata aparece la lista de grupos relacionados con Make-up.

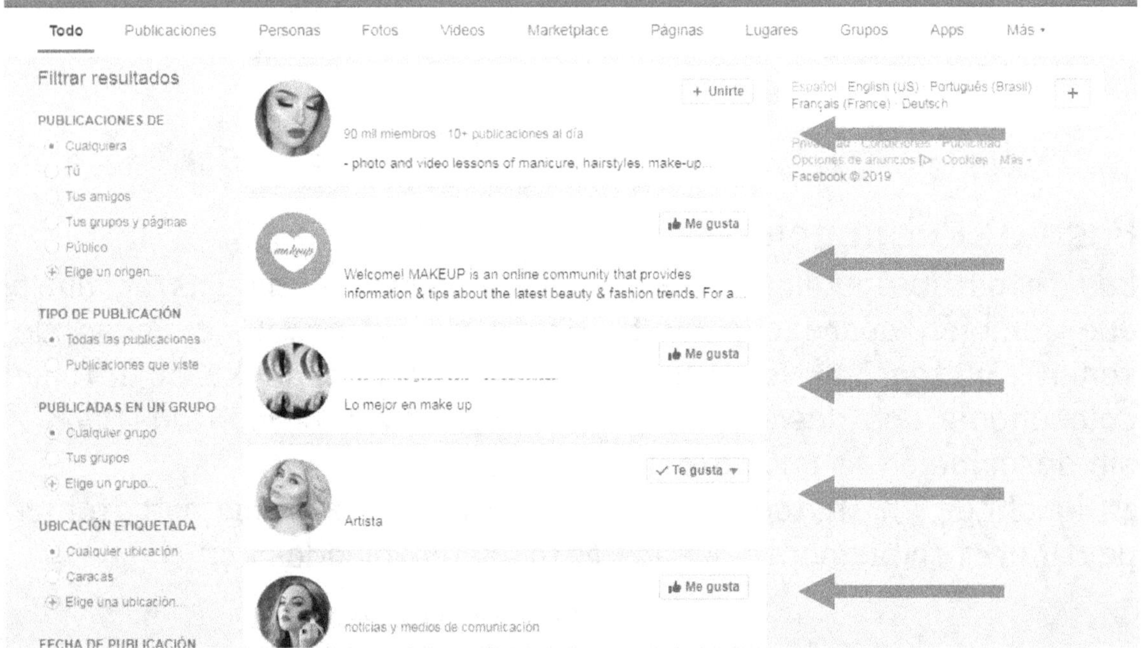

Allí vanos a solicitar entrar en el botón "ME GUSTA", "UNIRTE" o "PARTCIPAR" al grupo. Hay grupos por públicos y grupos privados, cuando algún grupo privado te acepte te aparecerá la aceptación en tus notificaciones.

Una vez que entremos a uno de los grupos seleccionados tenemos primero que nada el inicio y los miembros que integran el grupo. Preferiblemente buscar en los miembros del grupo a las personas indicadas.

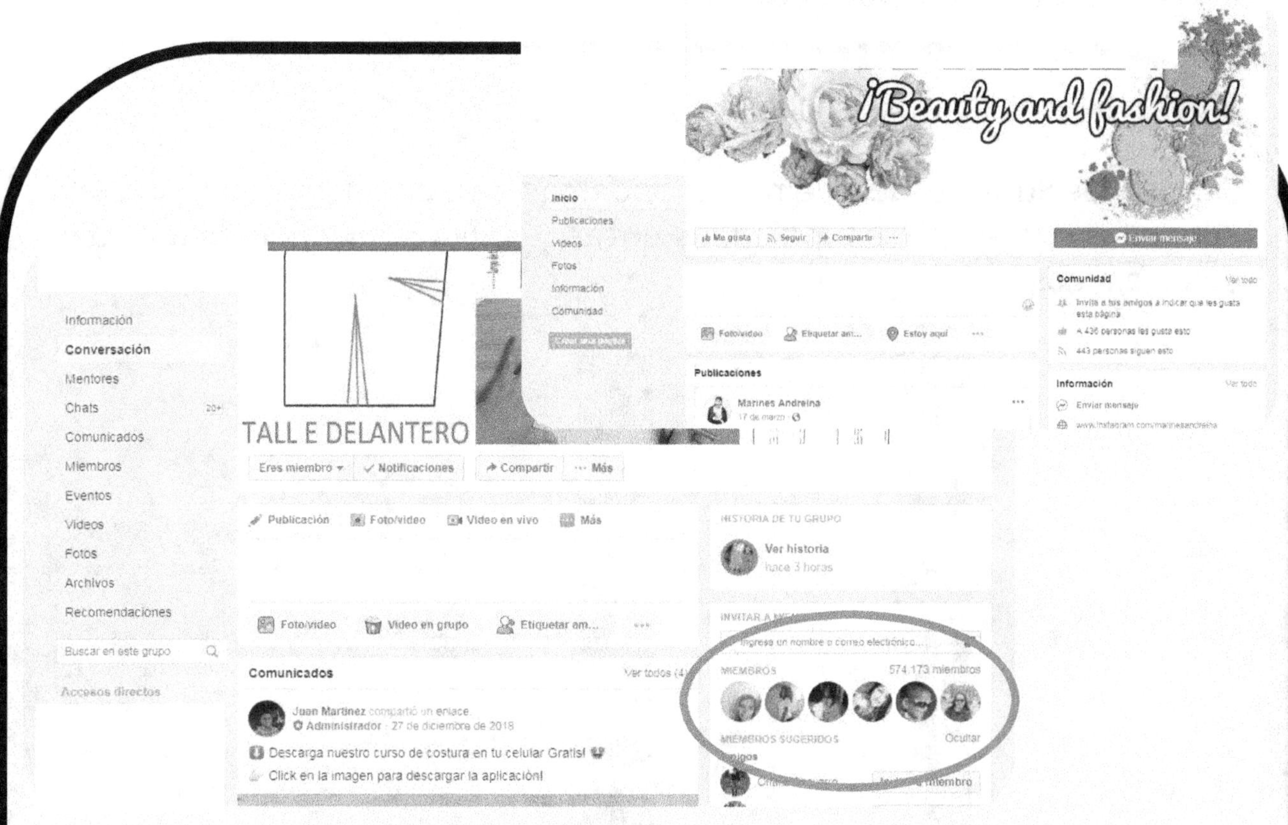

Una vez dentro de los miembros del grupo, bajamos hasta la sección "MIEMBROS RECIENTES" y comenzamos a agregar personas, podemos enviar 1000 solicitudes y al llegar a ese número Facebook nos alertará que hemos enviado el numero máximo, en ese momento aparecerá una lista de personas a las cuales podemos cancelar las solicitudes enviadas anteriormente de aquellos que no te han aceptado cómo amigo, después de cancelar solicitudes pendientes podemos continuar y agregar a mas gente.

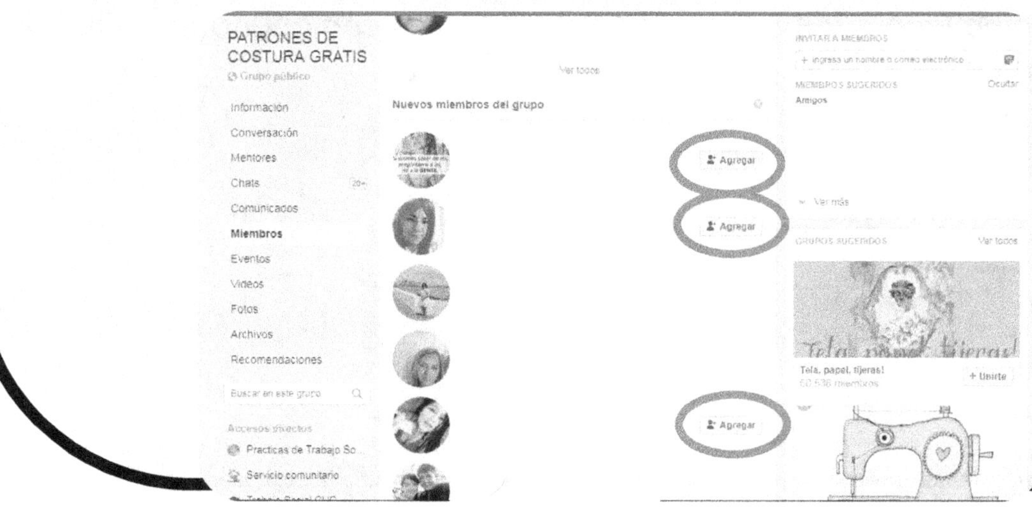

Dentro de la lista de miembros podemos seleccionar a una persona con las características indicadas antes y seguir enviando solicitudes a sus amigos.

En la bandeja de entrada, vas a encontrar a todas esas personas que te han aceptado la solicitud de amistad y ahí comienza el trabajo de enviar mensajes promocionando tu perfil.

Recomendación: puedes comenzar durante una semana enviando lotes de 50 solicitudes y 15 mensajes. A la segunda semana aumentas a lotes de 100 solicitudes y 20.

IMPORTANTE: Facebook es mucho mas alerta que Instagram encanto a bloquear a los usuarios se refiere. Recomendable hacer el trabajo con calma durante las primeras semanas.

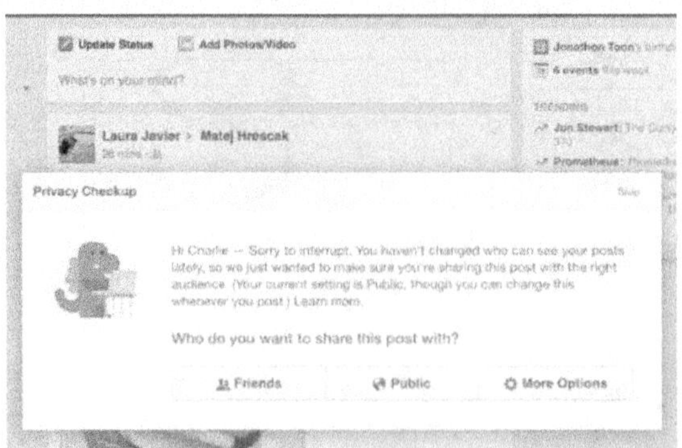

Recomendaciones

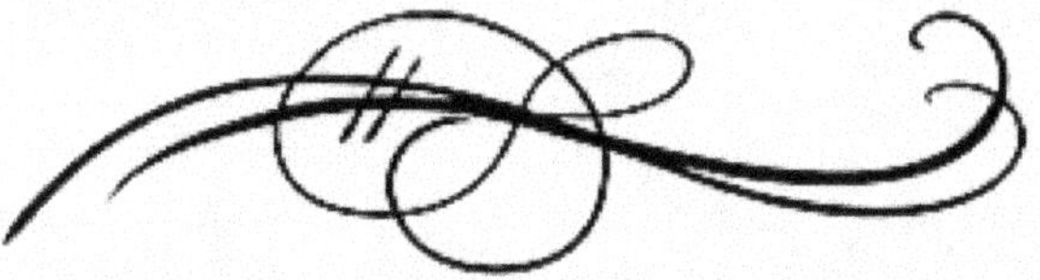

1. Publicar en el muro de 2 a 4 entradas por día.
2. Dar acceso a los recursos de la Biblioteca para promocionar y difundir productos concretos: Buscador, Guías temáticas.
3. Enlazar con el catalogo de la Biblioteca: recomendar.
4. Dar visibilidad y compartir con los otros seguidores las entradas de Blogs, tableros de Pinterest, fotografías, tutoriales de un canal de Youtube, etc.
5. Enlazar con recursos externos: actividades, aplicaciones, portales, convocatorias, exposiciones.
6. Crear eventos e invitar a los seguidores. (Tipos de evento: actividades futuras, etc)

Capítulo V

Youtube

- Youtube
- Oportunidades de marketing en YouTube a primera vista
- Estrategia de contenidos en YouTube
- ¿Cómo utilizar la creatividad en los vídeos de Youtube?
- La experiencia del usuario es clave
- Crear, subir y optimizar el vídeo
- Aumentar las visitas

Youtube

Es una herramienta en línea que permite subir vídeos a la web para compartir con los usuarios, de manera que puedan ser vistos por cualquier persona.

El uso del Youtube es importante porque el lenguaje audiovisual ha impregnado nuestros sentidos de forma tal, que gran parte de la información nos llega por este medio.

Debemos tener en cuenta que YouTube lo utilizan más de mil millones de usuarios y que más de la mitad de ellos lo hace a través de un dispositivo móvil, esto supone un gran desafío y una enorme oportunidad para las marcas que quieren impactar en ellos.

Un dato importante es que a través de Youtube las instituciones u organizaciones ofrecen a los usuarios material audiovisual trabajado en función a un tema específico o un problema determinado para lograr sensibilizar a los visitantes y a la vez estos puedan hacer réplica con dichos videos en otros espacio, de esta manera se puede tener a un número de usuarios de Youtube comprometidos con una campaña y pueden convertirse en aliados para la difusión de nuestros mensajes audiovisuales.

Sobre el uso del Youtube, al igual que los demás redes sociales de Internet, es necesario contar con una cuenta de correo electrónico y luego ingresar a la página de Youtube para inscribirse a este servicio, que es totalmente gratuito.

Para ello, se recomienda manejar programas de edición de videos que faciliten y permitan subir o descargar videos. También se recomienda contar con una computadora potente para la facilidad de almacenar los videos.

Oportunidades de marketing en YouTube a primera vista

- Es una alternativa para posicionar Keywords.
- Por el carácter visual de la plataforma, generamos mayor impacto en los sistemas de venta y captación de registros.
- Transmitimos confianza con facilidad, nos ven y mejora el compromiso del lead.
- Anunciarse en youtube es más barato con menos competencia.
- Como oportunidad relevante por los resultados que ofrece, tenemos la unión de YouTube + Influencers.

Estrategia de contenidos en YouTube

Lo primero de todo es establecer cuál es la audiencia, definir los objetivos, crear un mensaje central y el tono que vamos a utilizar durante la campaña para poder lograr los mejores resultados posibles.

- **<u>Definir el territorio de marca</u>**: si tenemos en cuenta que cada minuto se suben 400 horas de nuevos contenidos a YouTube, nos podemos hacer una idea de la competencia a la que nos enfrentamos, por lo que debemos encontrar mediante herramientas de tendencias en Youtube y análisis de nuestra competencia, cual es la audiencia y territorio ganadores.
- **<u>Definir el objetivo</u>**: es imprescindible tener muy claro cuál es el objetivo que queremos alcanzar con nuestros vídeos, cómo generar ventas en el sitio Web, reconocimiento de marca, influenciar en la audiencia o conseguir una fidelización de clientes.
- **<u>Analizar las necesidades de la audiencia</u>**: entender las necesidades de nuestra audiencia nos dará una idea clara de la línea en la que debemos realizar los vídeos, como entretenimiento, información relevante o crear una conexión más directa.
- **<u>Utilizar los vídeos adecuados</u>**: para mantener conectada a nuestra audiencia debemos acertar sobre la duración y frecuencia de publicación de los vídeos de nuestro canal, ya que en algunos casos subir a diario vídeos de 2 minutos de duración será lo más adecuado, en otras ocasiones publicar vídeos semanales de 20 minutos de duración es lo que mejor nos funcionará, por eso es imprescindible conocer bien a nuestra audiencia.

¿Cómo utilizar la creatividad en los vídeos de Youtube?

¿Por qué algunos vídeos se hacen virales y otros apenas tienen visitas? Nadie lo sabe con certeza, pero si seguimos estas líneas maestras, tendremos mucha posibilidades de éxito en nuestra estrategia:

- **<u>Atracción</u>**: llamar la atención desde el primer segundo. Los primeros 15 segundos son cruciales para el éxito, se marca la diferencia entre si el usuario va a ver el vídeo o no, por eso debemos incluir el contenido más llamativo al principio, utilizando sonido, elementos creativos y caras familiares a ser posible.
- **<u>Marca</u>**: integrar la marca de manera natural en el vídeo. Debemos utilizar elementos de nuestra marca de manera inteligente.
- **<u>Conectar</u>**: debemos conectar con el usuario a través de la narración. El tiempo de visionado tiene gran importancia en el resultado final, por eso debemos utilizar en nuestro storytelling los elementos que más llamen la atención del usuario, como son: el audio, crear una conexión emocional mediante el humor y el suspense.
- **<u>Ser directos</u>**: indicar claramente al usuario que queremos que haga. Si tienes un Blog de Marketing Digital puedes invitar al usuario a visitarlo, que vea otro vídeo de tu canal de YouTube, suscribirse al canal, etc. Las llamadas claras a la acción, conocidas en el Marketing como "call to action", suelen funcionar muy bien.

La experiencia del usuario es clave

Cuantas más señales relacionadas con la experiencia de usuario tenga tu vídeo, mejor posicionado estará y te desatacarás sobre tu competencia. Debemos tener en cuenta las siguientes señales de experiencia de usuario: retención de la audiencia, comentarios, suscripciones, acciones sociales, favoritos.

- **<u>Retención de la audiencia</u>**: el porcentaje de vídeo visualizado por el usuario, cuanto mayor sea obtendremos mejor puntuación.
- **<u>Comentarios</u>**: si los usuarios comentan, por lo general es que les ha gustado el vídeo, al menos lo han visto.
- **<u>Suscripciones después de la visualización</u>**: si alguien se suscribe a tu canal de YouTube después de ver el vídeo, es una excelente y clarísima señal de experiencia de usuario.
- **<u>Acciones sociales</u>**: el número de usuarios que comparten tu vídeo en las Redes Sociales.
- **<u>Favoritos</u>**: el número de usuarios que dan a favorito o en la opción de ver más tarde tu video.
- **<u>Pulgares arriba/abajo</u>**: significa si a los usuarios les ha gustado el vídeo o no.

Como recomendación cabe decir que se ha comprobado que posicionan mejor los vídeos con una duración superior a 5 minutos, aunque esto no debe obsesionarnos.

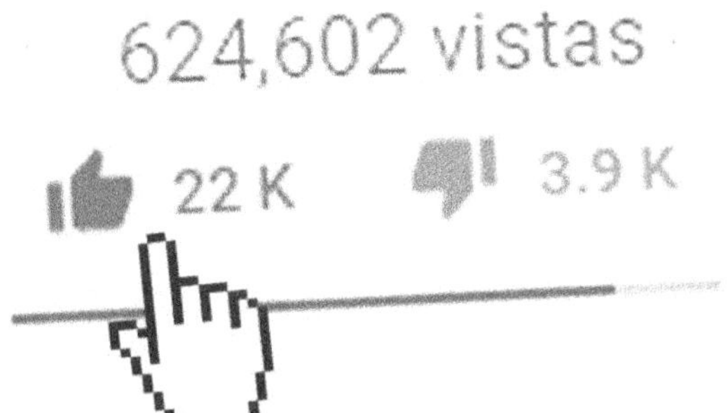

Crear, subir y optimizar el vídeo

Los metadatos son un tipo de información que le indica a YouTube y al usuario de qué trata nuestro vídeo, mediante el título, las etiquetas y la descripción. Las descripciones bien escritas con las palabras clave adecuadas, pueden aumentar las visitas y ayudar a posicionar mejor los vídeos.

- **<u>Nombre de archivo</u>**: incluir la palabra clave en el nombre del archivo mejora el posicionamiento. Por ejemplo "como-maquillarse-para-una fiesta.mp4".
- **<u>Título del vídeo</u>**: debe incluir nuestra palabra clave, lo más al principio posible. Posiciona mejor "Cómo maquillarse para una fiesta: Los mejores tips" que el título "Los mejores tips para maquillarse para una fiesta".
- **<u>Descripción del vídeo</u>**: la mayoría de las veces no tenemos en cuenta dedicarle tiempo y esfuerzo a complementar la descripción del vídeo, pero es fundamental hacerlo, preferentemente escribiendo unas 250 palabras al menos e incluyendo nuestra palabra clave unas 3 veces aproximadamente.
- **<u>Etiquetas</u>**: simplemente escribe la palabra clave la primera y otras variaciones de esa palabra clave, esto es muy simple pero efectivo.

Aumentar las visitas

Está claro que cuantas más visitas reciban los vídeos de tu canal de YouTube mejor posicionamiento obtendrán éstos por eso debes hacer lo siguiente para conseguirlo:

- **<u>Menciona tu vídeo en foros</u>**: funciona muy bien hacer preguntas en Quora u otras plataformas de preguntas y respuestas, incluyendo tu palabra clave y un enlace a tu vídeo, también puedes hacer esto con las respuestas y funcionará igual de bien.
- **<u>Pon el enlace de tu vídeo en tu firma de email</u>**: Si envías muchos correos al cabo del día, es una buena idea que incluyas un enlace al vídeo.
- **<u>Embeber los vídeos en tus artículos</u>**: debemos estar alerta para incluir nuestro vídeo siempre que podamos en artículos propios o de invitado.
- **<u>Redes Sociales</u>**: ni que decir tiene que debes compartir los vídeos de tu canal de YouTube con mucho criterio y con mucha frecuencia.

Capítulo VI

Pinterest

- ¿Pinterest?
- ¿Como funciona Pinterest?
- Las mejores aplicaciones para Pinterest
- Herramientas de medición y monitorización
- Herramientas de creación de contenidos
- Marketing en Pinterest
- Errores comunes en Pinterest que debes evitar

¿Pinterest?

Pinterest es un lugar donde poder compartir fotos, infografías, vídeos y todo lo que encuentres en Internet. Muchas personas lo usan como catálogo de ideas por su formato tan característico que ayuda a poder organizar, archivar y compartir tus pines (álbumes de fotos) agrupándolos por temáticas, intereses, hobbies.

No es sólo una red social, es algo más que eso. Su peculiar estilo ha gustado mucho obteniendo de ahí su gran éxito ya que es una de las redes sociales de mayor crecimiento de los últimos años.

Pinterest es una red social del estilo de Facebook y Google+. Se llama así por su peculiar formato, ya que es como el típico corcho de pared donde ir colgando fotos con un 'pin'. Por lo que su mayor característica es compartir información multimedia al estilo Instagram.

Las imágenes en Pinterest están preparadas para dar una completa información sobre un tema en concreto y esto hace que sus usuarios quieran interactuar y compartir esta información con otros usuarios, llegando a ser contenido con mucho valor y difusión. Por eso esta red social ha tenido tanto impacto y seguimiento.

En tu perfil podrás ir "pineando" imágenes organizadas por tablones que tú mismo especifiques. No solo esto sino que podrás seguir de una forma rápida imágenes que interesen, seguir temáticas y 'pinearlo', es decir compartirlo, con tus contactos.

¿Como funciona Pinterest?

1. **<u>Crea un perfil</u>**. Crea un nombre de usuario, antes de seguir, haz pruebas de ellos puedes: subir pines, crear tableros, seguir a unos cuantas personas que tengas como ídolos en tu sector o seguir tableros con el tema seleccionado que vas a promocionar.

2. **<u>Haz tu perfil descriptivo</u>**. Crea tablones agrupándolos con las temáticas que más vas a compartir y en las que vas a ir subiendo pines. No crees confusión y que ha simple vista se vea cuales son tus intereses. CONSEJO: Coloca en los primeros tablones el tablero gancho (si eres una empresa, será el de venta) para que sea más accesible para el visitante.

3. **<u>Sube y comparte infografías</u>**. Lo más importante es son las infografías en Pinterest. Las imágenes sin más no son atractivas para el seguidor de Pinterest. Si, es más trabajo pero mejor hacer una infografía que tengan éxito que subir muchas imágenes que no.

4. **<u>Añade hastags y descripciones</u>**. Los usuarios de Pinterest realizan muchas búsquedas de contenidos. Es una gran fuente de búsqueda de información por lo que si extiendes la descripción de tus contenidos serás encontrado con mayor facilidad.

5. **<u>Utiliza Pinterest a diario</u>** y si puedes, varias veces al día. Utiliza de verdad Pinterest, no te quedes con entrar y mirar si hay algún seguidor nuevo en tu cuenta.

6. **<u>Sigue a personas de tú temática</u>** o que puedan estar interesadas en ti. Debes rodearte de personas que le interesen tus imágenes y para ello no hay mejor forma que seguir a personas afines a ti o a tus gustos.

7. **<u>Comenta los pins más populares y los que más te gusten</u>**. Sé atrevido y generoso. Esto hará además de agradar al autor del pin, que muchos fans de esa temática quieran investigar qué información compartes.

¿Como funciona Pinterest?

8. **<u>Participa en tablones de otros usuarios</u>**. Por si no lo sabes, existen tablones que son como una especie de grupos. Te animo a participar en ellos y compartir tus infografías en estos tablones.

9. **<u>Realiza acciones externas para traer nuevos seguidores a esta red social</u>**. En tu página Web o tus otras redes sociales podrás poner un Widget, un botón o el enlace para seguirte en Pinterest. También podrás desde Pinterest invitar a tus contactos.

10. **<u>Categoriza bien tus pines</u>** para que te sigan los tableros cada persona que le interesa. Actualmente en Pinterest no se sigue a personas sino que se sigue a tableros.

11. **<u>Manda mensajes desde el chat interno</u>** con la gente que estás conectado. Cada vez Pinterest quiere crear mayor conectitividad entre los usuarios y potencia su chat interno.

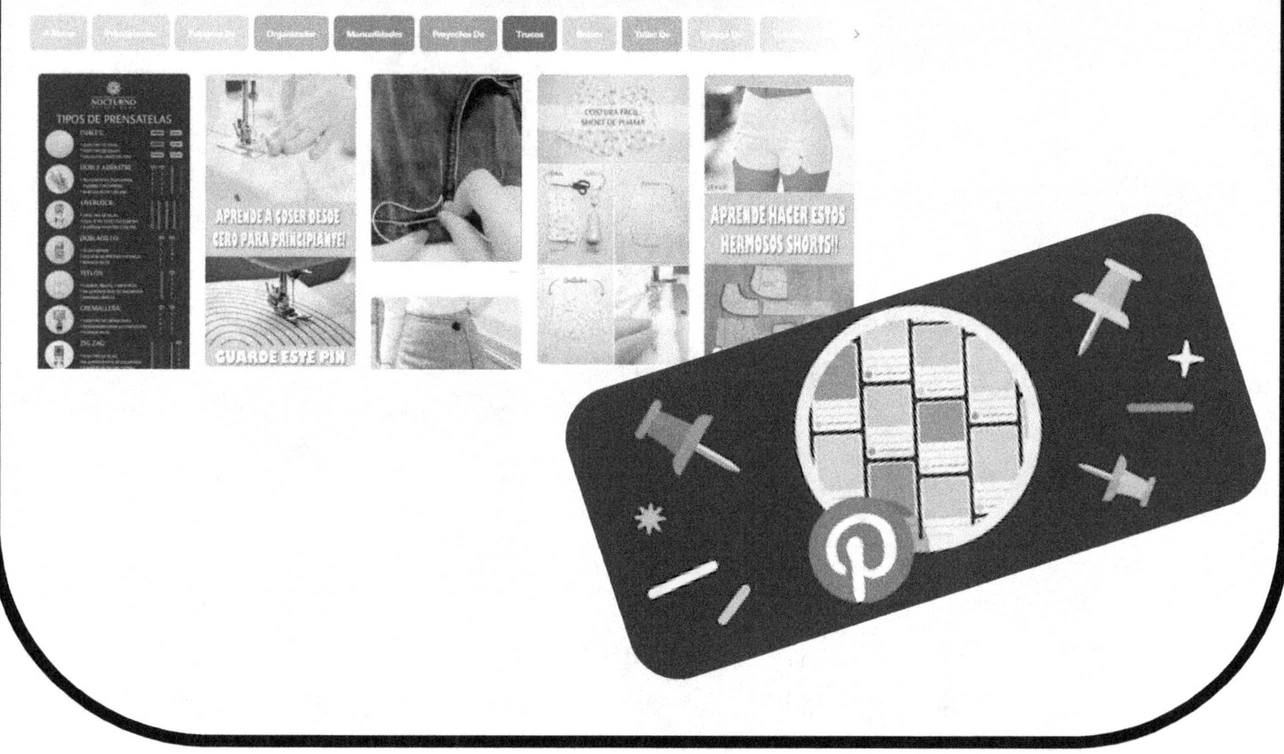

Las mejores aplicaciones para Pinterest

Para saber como funciona Pinterest no hay que complicarse, no vamos a ser los primeros en aprender a saber hacerlo. Por eso hay varias aplicaciones para Pinterest que son imprescindibles para un buen uso de la aplicación, ayudarnos y destacar en ella.

Un buen gestor de esta red social tiene que tener en cuenta las siguientes aplicaciones:

- Gestión de seguidores y audiencia: tailwindapp
- Creadores de imágenes para pins: snapito, ShotPin, canva
- Buscador de imágenes e ideas: tineye, pinsearchtool
- Programar post: viraltag, buffer

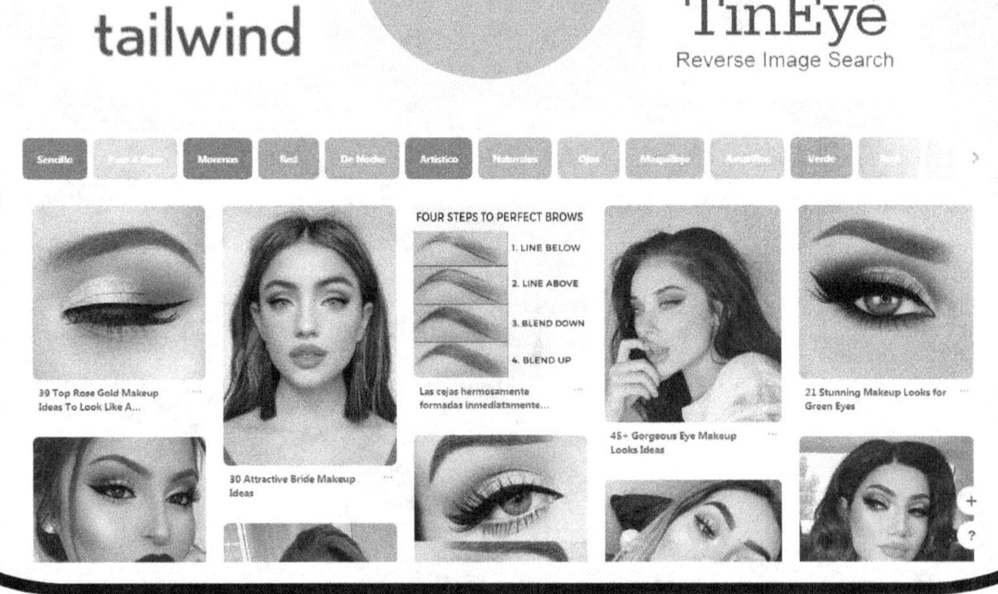

Herramientas de medición y monitorización

- Pinterest Alerts. Es una herramienta gratuita al estilo de Google Alerts. Te permite saber qué personas han pineado desde tu página web, a través de un sistema de alertas que recibes en tu correo electrónico, seleccionando unos parámetros de búsqueda y etiquetas.

- Tailwind. Es una herramienta de análisis muy completa que debes conocer para complementar las estadísticas que te ofrece Pinterest. En su versión free puedes obtener información de quienes son tus seguidores más influyentes, tus pins y tableros más repineados, porcentaje y aumento de seguidores, últimos comentarios y gráficas sobre seguidores. Destaco sobre todo, la información individual y detallada que extrae de cada uno de los tableros porque te permite comparar y saber el que mejor funciona.

- ViralWoot. Aplicación que te permite promocionar tus pines dependiendo de lo que estés dispuesto a pagar. Según la web, sólo por registrarte Viralwoot te recomendará en su cuenta de Pinterest para darte a conocer a otros usuarios.

- Loop88. Aplicación de pago que te permite contratar un servicio por el que usuarios influyentes te dan visibilidad y dan a conocer tus contenidos.

- Viraltag. Antes conocido como Pingraphy, es un programa que te permite programar en Pinterest. Tiene versión demo y te permite subir imágenes a tu cuenta desde tu ordenador o desde otras aplicaciones como Instagram.

Herramientas de creación de contenidos

- Pinstamatic. Es una herramienta muy intuitiva con la que podrás crear diferentes formatos de imágenes e incorporarlas directamente a alguno de tus tableros. En dos clicks puedes convertir un tweet en imagen, una dirección en un mapa, collages y notas de texto.

- Quozio. Sencilla pero efectiva si lo que quieres es crear imágenes con frases y textos.

- Canva. Es una herramienta para crear diseños en línea con una calidad y apariencia profesional. Te permite configurar del mil maneras posibles imágenes, logos, carteles, portadas y con la opción de seleccionar una plantilla con el tamaño configurado para redes como Pinterest, Facebook, Twitter o blogs.

- Pinvolve. Es una aplicación para vincular tus tableros en una o varias de tus Fan Pages de Facebook.

- Piqora. Es una herramienta especializada en la creación de promociones en Pinterest. Te permite hacer un seguimiento de los resultados. Incorpora un apartado llamado Piner360 que te ayuda a identificar a los pinners más influyentes.desde tu ordenador o desde otras aplicaciones como Instagram.

Marketing en Pinterest

1. Antes de empezar define tus objetivos: Será fundamental definir correctamente los objetivos y las metas que quieres conseguir con Pinterest. Los objetivos dependerán de varios factores y de tu situación en estos momentos. Alguno de los principales objetivos que te puedes estar planteando y que esta red social te puede ayudar a conseguir, son:
    a) Tener presencia y notoriedad de marca. Para conseguirlo tendrás que configurar a la perfección la descripción de tu cuenta y personalizar al máximo tus tableros y pines con la imagen corporativa.
    b) Generar tráfico Web. Si las imágenes y el contenido son lo suficientemente atractivos conseguirás un alto porcentaje de usuarios que conozcan tu web provenientes de Pinterest.
    c) Incrementar volumen de ventas (ROI). Es el objetivo más ambicioso y será posible siempre y cuando la presencia, el contenido y la actitud de la marca con la comunidad sea absolutamente constante y participativa.
2. Aprovecha el tráfico web de Pinterest en tu estrategia Ecommerce: Puede parecer un simple detalle pero una de las claves de esta red social es que a través de una imagen o pin es posible acceder directamente al sitio web de dónde proviene. La eficacia para dirigir los impulsos de los consumidores y finalizar un proceso de compra es lo que está dando a Pinterest tanto valor.
3. Verifica tu cuenta: Puedes crear una cuenta de empresa o convertir un perfil ya creado directamente desde el apartado Pinterest for Bussines. Recuerda completar el proceso de verificación para incorporar la oficialidad a tu cuenta.

Marketing en Pinterest

4. Transforma, adapta y haz transmedia con tus contenidos: No sólo de ecommerce vive Pinterest, eso esta claro. Otras modalidades de negocio pueden triunfar y conseguir resultados igual o más favorables que los de venta online. Sea lo que sea que ofrezca tu empresa lo puedes transformar en contenido visual. Pinterest te ayudará a sacar el lado más creativo de ti mismo. Hay miles de formas de transmitir conocimientos, información y darte a conocer. Sólo tendrás que darle un par de vueltas y tener un objetivo concreto con cada tablero.

5. Crea un calendario y planifica tus contenidos: Puedes crear un calendario semanal o mensual por días y horas dependiendo del tiempo disponible y de la importancia que tiene Pinterest para tu marca. Adquiere la costumbre y dedica como mínimo 10 minutos al día para completar tus tableros y pensar ideas nuevas que aporten contenido de valor. Si tienes una presencia constante y aumentas progresivamente la cantidad de contenido, conseguirás con mayor facilidad aumentar el número de seguidores y aumentar la probabilidad de generar tráfico a tu página web.

    a) Tareas diarias: revisión de notificaciones, completar tableros, responder comentarios, seguir a potenciales clientes

    b) Tareas frecuentes: conectar con los seguidores de Pinterest en otras Redes Sociales, crear o participar en tableros corporativos, storming de ideas para nuevos tableros, investigación.

    c) Tareas esporádicas: Campañas especiales: ofertas, cupones descuento, promociones, concursos, festividades…

Marketing en Pinterest

6. Tipos de tableros: Elige con cabeza el tipo de tableros que quieres crear y combina de la mejor manera posible diferentes formatos. Esto dará a tu parrilla de boards un aspecto dinámico, diferente y creativo. A medida que lleves más tiempo desarrollando contenido en Pinterest, podrás detectar qué tipo de tableros te funcionan mejor y descartar los que no generan resultados.

    a) Tableros Colaborativos: Este tipo de tablero se caracteriza porque lo pueden gestionar y completar varios usuarios a la vez. Es una manera estupenda de fomentar la participación con tus seguidores, hacerles protagonistas de tus contenidos y trabajar en equipo. Para poder invitar a otros usuarios a tu tablero es necesario que exista seguimiento recíproco. La marca debe seguir al usuario y el usuario a la marca. La misma estrategia pero al revés sería participar con tu marca en el tablero de otras marcas o usuarios.

    b) Tableros Mapa: Es uno de los más especiales por su peculiaridad y forma. Te permite geolocalizar diferentes pines en un mapa visual a través de Foursquare. Para que funcione correctamente primero añade los pines y después localiza la imagen a través del botón «Añadir un lugar». Está especialmente indicado para negocios turísticos porque te permite crear diferentes rutas y una información turística muy potente, pero también para otro tipo de empresas que quieran compartir información a través de un mapa.

Marketing en Pinterest

c) Tableros de Contenido Propio + tráfico de entrada: Es una manera de referirme a los tableros que están formados por pines de tu página web. Es decir, contenido que redirige automáticamente a alguna página o Landing Page de tu site. Ahorra tiempo y trabajo aprovechando los contenidos de tu blog.

d) Tableros de Contenido Propio o Ajeno + tráfico externo: En este caso los pines que completan tus tableros se caracterizan por tener una URL que redirige a una página externa que no tiene que ver con tu site. Este tipo de colecciones son agradecidas y están muy bien valoradas. Las marcas y usuarios generan tráfico en ambas direcciones. Consejo: colecciona material útil para tus potenciales clientes y que a la vez genere la necesidad de consumir lo que tú ofreces. De igual forma con esta estrategia conseguirás fidelizar a tus seguidores, algo igual o más importante que lo anterior.

e) Personaliza portadas (branding boards): Pinterest es la red social visual por excelencia y tienes que aprovechar al máximo cada una de las oportunidades que tienes para transmitir y facilitar el contenido de forma directa e intuitiva. ¿Qué es lo primero que ve un usuario cuando llega al feed de inicio de tu cuenta? Tus tableros. Ahí tienes tu primera baza para sorprender y llamar su atención. Pónselo fácil y atractivo. Juega con el espacio visual y personaliza la portada de cada uno de tus tableros.

Errores comunes en Pinterest que debes evitar

Estos son alguno de los errores más frecuentes que deberás evitar:

- No saber para qué sirve Pinterest y pensar que es un canal directo de venta
- Usar todos los tableros como si fueran un catálogo de tus productos
- Menospreciar el poder de los títulos
- No usar palabras clave en el título y en la descripción de cada pin
- Pinear pinear y no interactuar con la comunidad de usuarios
- Abusar de los hashtag
- Sólo utilizar imágenes
- Colocar los tableros de forma aleatoria
- No contestar a las preguntas, peticiones y avisos
- No medir tus resultados

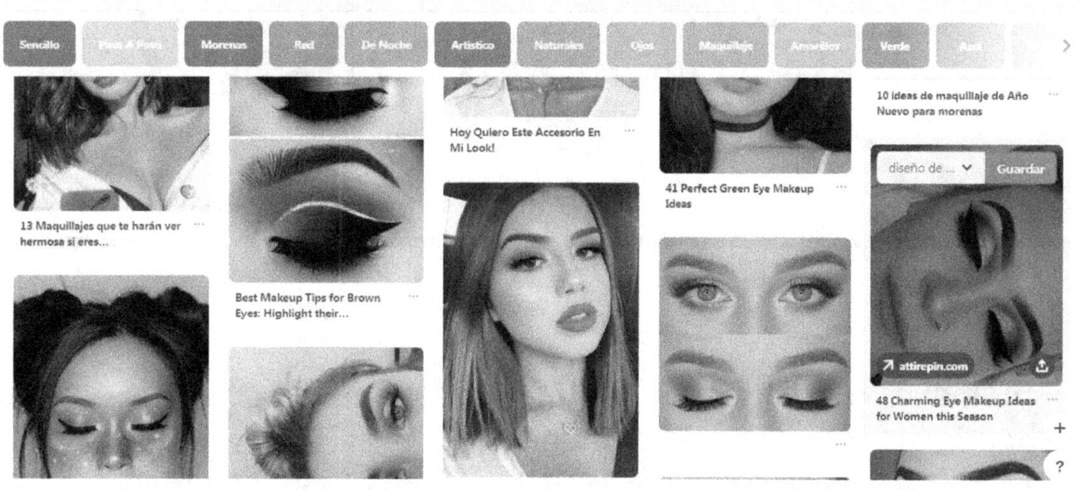

Capítulo VII

¿Qué no debes hacer en redes sociales?

- Siempre te dicen que debes hacer, nunca que no se debe hacer los errores mas comunes.
- 16 Principios básicos de reputación en redes sociales

¿Qué no debes hacer en redes sociales?

Participar en las redes sociales se ha convertido en un lugar común; tanto es así en realidad, que la mayor parte del tiempo se nos olvida que estamos en ellas.

Muchas veces se ven actualizaciones en Facebook que, obviamente, estaban destinadas a ser vistas por algunos amigos cercanos solamente, pero, en cambio fueron anunciadas al mundo entero, estamos tan acostumbrados a las redes sociales que ya no cuidamos lo que decimos y, algo de esto se debe al fácil acceso a las redes sociales por medio de aparatos móviles. Los teléfonos inteligentes y las aplicaciones han hecho tan fácil publicar una foto o contestar una actualización que no pensamos en las consecuencias.

Aquí presentamos algunos recordatorios de lo que no querrás hacer en esas populares redes sociales.

- Comunicar erróneamente: No podemos escribir lo primero que se nos pase por la cabeza, tenemos que tener una estrategia previamente implementada para lograr los objetivos marcados.
- No discutas: Una diferencia de opinión está bien; pero una airada discusión definitivamente no es conveniente.
- No abrumes las publicaciones de tus amigos con trivialidades: Ahorra tus actualizaciones hasta que tengas algo interesante que decir. Al igual que en la vida real, la gente te pondrá mucha más atención cuando hables.
- No hagas actualizaciones constantes.
- No expreses opiniones políticas extremas.
- No publiques fotos de niños (a menos que sean tuyos): Pide permiso antes de colocar fotos de niños. Pensándolo bien, pide permiso antes de colocar fotos de otra gente.

16 Principios básicos de reputación en redes sociales

A continuación proponemos los 16 Principios para Innovar en Marketing a través de las principales Plataformas 2.0 y Redes Sociales, por donde se están expresando las personas y marcas en todo el mundo:

1. El Principio de la Interacción: Responder las preguntas y considerar las opiniones de tus seguidores es clave al momento de generar compromiso y reconocimiento en cada uno de ellos. Cada pregunta que respondes se transforma en una oportunidad de fidelización, fortaleciendo el compromiso de tus seguidores con lo que dices y haces. La interacción promueve el diálogo, piedra angular en la generación de información del seguidor, pues es en el diálogo donde el seguidor expresa lo que siente, piensa y sabe. Mientras más información tienes de tus seguidores, más conocimiento tienes de ellos, lo que finalmente se traduce en un mayor poder para reconocer lo que tu seguidor necesita y así satisfacer sus requerimientos.

2. El Principio de la Selección: Debes seleccionar a quien responder, a quien recomendar, con quien compartir y a quien seguir, de lo contrario perderás coherencia y consistencia con tu audiencia. Tu biografía de perfil en la red social, limita tu radio de acción de acuerdo a los límites temáticos expresados desde tu biografía. Opinar y escribir sobre temas que dominas, fortalece tu imagen, asertividad y credibilidad. Finalmente, materializa tu selección construyendo listas y grupos según perfiles biográficos y de contenido. A partir de estas listas y grupos bien construidos, podrás optimizar tus recomendaciones de contenidos y cuentas relacionadas a tu perfil. Recuerda que una buena recomendación normalmente se traduce en una buena promoción para tu cuenta y comenzarás a construir reputación.

3. El Principio de la Búsqueda: Si interactúas con tus seguidores seleccionados (Principios 1 y 2), tú sitio 2.0 se convertirá en un polo de atracción de nuevos seguidores, incrementando de esta manera la magnitud y con posterioridad la influencia de tu cuenta. Es recomendable también que busques y sigas a tus pares, de esta manera vincularás tu cuenta con tus intereses. Finalmente, las cuentas relacionadas a tus intereses te seguirán, haciendo crecer tu red de influencia.

4. El Principio de la Calidad: La calidad dice relación con el contenido que creas y distribuyes. Mientras más relacionado con las necesidades de contenido de tu audiencia, mayor será la calidad de tu contenido. El grado de asertividad y relación de tu contenido con la audiencia, depende de tu desempeño en la interacción, pues es en ésta donde desarrollas el conocimiento y necesidades de tus seguidores. Ser empático en la acción de interacción, te permite profundizar en las motivaciones de tus seguidores y por ende en él conocimiento profundo de éstos. Este proceso facilita la producción de contenido de alta calidad, dado que, estás en capacidad de crear y/o reproducir contenido altamente valorado por tus seguidores, generando lazos estrechos que fortalecen la fidelización de la audiencia.

5. El Principio de la Automatización: No automatices en exceso tu cuenta, porque perderás vinculación con tus seguidores. Las personas valoran el trato personalizado. Las respuestas automáticas y estandarizadas debilitan el vínculo entre seguidor y seguido y por lo tanto, deterioran el índice de fidelización. Debes ser muy cuidadoso en determinar qué automatizar. La automatización es buena en la medida que facilita tu trabajo en las redes sociales ahorrando tiempo, sin embargo, si tu audiencia percibe que le respondes de manera automatizada, te castigará dejándote de seguir. La automatización masiva, genera y distribuye gran cantidad de contenido por unidad de tiempo, saturando de información los perfiles de tus seguidores, los que finalmente se denuncia como spam, bot y se bloquea.

6. El Principio de la Autorreferencia: Habla poco de ti y de tus logros. Recomienda a otros y resalta el logro de otros. No comentes actos personales que aportan poco o nada de valor a la audiencia.

7. El Principio de la Pertinencia: Escribe y recomienda en el momento en que tu audiencia está activa y atenta a leer y escuchar lo que quieres comunicar. Estar en el momento oportuno con el contenido que la audiencia busca, hará de tu cuenta un sitio altamente deseable de seguir y comentar.

8. El Principio de la Relevancia: Procura que lo que escribes y comunicas aporte un valor real a tu audiencia. La audiencia valora de sobremanera el nivel alto de utilidad del contenido que proporcionas y/o recomiendas.

9. 9.- El Principio de la Consideración: Jamás dejes de responder una consulta. Toda persona tiene el derecho de una respuesta. La indiferencia dificulta el fortalecimiento del vínculo seguidor – seguido y en definitiva el Engagement.

10. El Principio de la Diferenciación: Comunica lo que quieres decir de una manera distinta a como lo comunican otros. Sé creativo en la forma y fondo de tu contenido. Inventa y posiciona nuevos Hashtags, Grupos y Sitios.

11. El Principio de la Colaboración o Sinergia Humana: Apoya a otros porque ellos te apoyarán. Ser un activo colaborador en la web 2.0, facilita que conozcan tu perfil, lo que finalmente redunda en mayores menciones, comentarios, me gusta y retweets, fortaleciendo tu nivel de influencia entre tus pares. Ayudar a otros siempre rendirá un beneficio superior para el que ayuda más temprano de lo que imaginas.

12. El Principio de la Vigencia: Nunca dejes de responder para mañana lo que puedes responder hoy. Mantente activo y procura comentar y comunicar contenido actualizado, tratando siempre de marcar tendencia.

13. El Principio de la Entretención: Escribe y comunica de una manera atractiva. Lucha contra la monotonía. No eres un robot, eres ante todo un ser humano que puede improvisar y sorprender a la audiencia de manera grata. Añade a tus 140 caracteres un poco de humor e imaginación.

14. El Principio de la Atracción: Siempre debes llamar la atención de tus seguidores. Escribe y comparte información importante para la audiencia objetivo. Debes de manera continua sorprender en forma y fondo a tus seguidores. Lo puedes hacer a través de debates, imágenes, videos y otros. Encontrar el nivel de provocación preciso para atraer a tu audiencia es tu desafío permanente. Si provocas mucho puedes generar rechazo, si lo haces poco, nadie te seguirá.

15. El Principio de la Reputación: Se consistente con lo que dices y lograrás prestigio entre tus seguidores. Nunca mientas ni inventes comentarios que no tienen sustento por lograr influencia o ganar seguidores en el corto plazo. Muchas veces se cae en la tentación de publicar una noticia sensacionalista para generar impacto, hipotecando la credibilidad de largo plazo.

16. El Principio de la Empatía: Siempre ponte en el lugar del otro para que comprendas lo que quiere escuchar, necesita y desea. La empatía permite que generes contenido de alta demanda y aceptación para tu audiencia. Todo lo anterior se traduce en una alta sintonía entre lo que haces y lo que quiere tu audiencia, afectando positivamente sobre la fidelización de tus seguidores.

Manual de Redes Sociales

Manual de las principales redes sociales.
-
Los servicios y aplicaciones de las redes están en beta constantemente.
-
Investigación y práctica.
-
Creado por:
Margarita Gutiérrez.
Arianna La Rosa.